T0208716

essentials

essentials liefern aktuelles Wissen in konzentrierter Form. Die Essenz dessen, worauf es als „State-of-the-Art" in der gegenwärtigen Fachdiskussion oder in der Praxis ankommt. *essentials* informieren schnell, unkompliziert und verständlich

- als Einführung in ein aktuelles Thema aus Ihrem Fachgebiet
- als Einstieg in ein für Sie noch unbekanntes Themenfeld
- als Einblick, um zum Thema mitreden zu können

Die Bücher in elektronischer und gedruckter Form bringen das Fachwissen von Springerautor*innen kompakt zur Darstellung. Sie sind besonders für die Nutzung als eBook auf Tablet-PCs, eBook-Readern und Smartphones geeignet. *essentials* sind Wissensbausteine aus den Wirtschafts-, Sozial- und Geisteswissenschaften, aus Technik und Naturwissenschaften sowie aus Medizin, Psychologie und Gesundheitsberufen. Von renommierten Autor*innen aller Springer-Verlagsmarken.

Weitere Bände in der Reihe https://link.springer.com/bookseries/13088

Frank Como-Zipfel · Sarah Lanig

Verhaltensorientierte Supervision für soziale und pädagogische Berufe

Einführung und Leitfaden

 Springer

Frank Como-Zipfel
Kleinheubach, Deutschland

Sarah Lanig
Erlenbach bei Marktheidenfeld
Deutschland

ISSN 2197-6708 ISSN 2197-6716 (electronic)
essentials
ISBN 978-3-658-37335-1 ISBN 978-3-658-37336-8 (eBook)
https://doi.org/10.1007/978-3-658-37336-8

Die Deutsche Nationalbibliothek verzeichnet diese Publikation in der Deutschen Nationalbibliografie; detaillierte bibliografische Daten sind im Internet über http://dnb.d-nb.de abrufbar.

Planung/Lektorat: Eva Brechtel-Wahl
Springer ist ein Imprint der eingetragenen Gesellschaft Springer Fachmedien Wiesbaden GmbH und ist ein Teil von Springer Nature.
Die Anschrift der Gesellschaft ist: Abraham-Lincoln-Str. 46, 65189 Wiesbaden, Germany

Was Sie in diesem *essential* finden können

- Historische Ausgangspunkte, Funktionen und Settings der Supervision für soziale und pädagogische Berufe
- Allgemeine und verhaltensorientierte Kompetenzanforderungen für Supervisor*innen
- Grundlegende Informationen über die Lerntheorien und die Verhaltensanalyse
- Ethik der verhaltensorientierten Supervision
- Verhaltensorientierte Fallreflexion

Inhaltsverzeichnis

Vorwort: Hinweise zur Terminologie　1

Unser Buch behandelt die verhaltensorientierte Supervision für Fachkräfte der sozialen und pädagogischen Berufe. Wir wenden uns damit an Studierende und Praktiker*innen aus den Bereichen der Sozialen Arbeit, Erziehungswissenschaft, Sozialpädagogik, Heilpädagogik, Heilerziehungspflege, Sonderpädagogik, Alten- und Krankenpflege, Lehrkräfte, u. a. verwandten Berufsgruppen. Die Angehörigen dieser Professionen sind zudem in den unterschiedlichsten Handlungsfeldern tätig, z. B. Beratung, Behindertenhilfe, Heimerziehung, Jugendamt, Sozialverwaltung, Kindertagesstätten, Altenarbeit, Suchthilfe, Betriebliche Sozialarbeit, Kliniken, Streetwork, Justizvollzug, Gesetzlicher Betreuung. Mit den *sozialen und pädagogischen Berufen* meinen wir also ein sehr großes, heterogenes Berufsfeld, das an die dort Beschäftigten vielfältige Anforderungen stellt und von den dort tätigen Supervisor*innen eine Reihe von Kompetenzen, Praxiserfahrungen und Methodenwissen fordert. Daher wenden wir uns mit unserem Buch auch an Supervisoren*innen und Coach*innen, die im sozialen und pädagogischen Bereich tätig sind und ein Interesse für die verhaltensorientierte Perspektive haben.

In der neueren Fachliteratur (z. B.: Loebbert, 2016; Belardi, 2018, 2020) werden die beiden Begriffe *Supervison* und *Coaching* weitgehend synonym verwendet. Dies völlig zurecht, denn die Zielsetzungen, Inhalte und Methoden von Supervision und Coaching haben sich im Laufe der Jahre angenähert und sind sich sehr ähnlich geworden. Dies zeigt sich auch darin, dass die 1989 gegründete *Deutsche Gesellschaft für Supervision e. V.* seit 2016 die Bezeichnung *Deutsche Gesellschaft für Supervision und Coaching e. V.* trägt. Wir verwenden im Folgenden jedoch ausschließlich den Begriff *Supervision,* da dieser in den Feldern der sozialen und pädagogischen Berufen, aber auch Gesundheitsbereich und der Psychotherapie traditionell gebräuchlicher ist als der Begriff *Coaching,* der eher mit dem privatwirtschaftlichen Sektor in Verbindung gebracht wird. Wir verstehen

F. Como-Zipfel und S. Lanig, *Verhaltensorientierte Supervision für soziale und pädagogische Berufe,* essentials, https://doi.org/10.1007/978-3-658-37336-8_1

in diesem Zusammenhang *Supervision* und *Coaching* ausschließlich als Dienstleistungen von Fachkräften für Fachkräfte. Wir grenzen uns explizit von der Verwendung des Begriffs Coaching in der Arbeit mit Klienten und Klientinnen ab (in Sinne von: Fachkräfte *coachen* Klienten und Klientinnen).

Unsere Darstellung der verhaltensorientierten Supervision konzentriert sich auf die Methode der funktionalen Verhaltensanalyse nach dem SORKC-Modell von Frederick Kanfer und George Saslow aus dem Jahr 1965. Denn in diesem klassischen und in der Praxis erprobten Instrument spiegelt sich nicht nur die Essenz der verhaltensorientierten Lerntheorien, sondern es kann auch umfassend die Ursachen des Verhaltens eines Menschen in speziellen Situationen erklären: unter Berücksichtigung von dessen der Emotionen, der Gedanken, Überzeugungen, Motivationen und körperlichen Voraussetzungen. Die verhaltensorientierten Methoden umfassen darüber hinaus noch weitere, ergänzende Instrumente wie z. B. die Kognitionsanalyse (von Albert Ellis und Aaron Beck) oder die Plananalyse (von Klaus Grawe und Franz Caspar) – diese werden jedoch in Folgenden nicht explizit behandelt.

Wir bedanken uns herzlich bei Dr. Daniel Kilian für seine fachkundige Durchsicht des Manuskripts und seine hilfreichen Anregungen.

Historische Ausgangspunkte

2

Die Supervision ist ein Kind der Frühphase der Professionalisierung der Sozialen Arbeit und der Industrialisierung im angloamerikanischen Raum des 19. Jahrhunderts. Die gesellschaftlichen Umwälzungen dieser radikalen Modernisierung der Arbeitswelt wirkten sich insbesondere auf die Fabrikarbeiterschaft und deren Familien aus und zeigten sich in massenhafter Armut, dem Entstehen von Slums, mangelnder Hygiene, Hunger, Krankheiten und in einer geringen Lebenserwartung. Ab 1878 begannen ehrenamtliche Helfer*innen (meist Studierende) in den Armenvierteln Buffalos (New York) damit, hilfsbedürftige Familien zu besuchen, um diese freundschaftlich bei der Bewältigung ihrer Alltagsprobleme zu unterstützen und in ihrer Lebensgestaltung zu beraten (friendly visitors). Gesteuert wurden diese ehrenamtlichen Aktivitäten von Charity Organization Societies, die als Einrichtungen der Wohlfahrtspflege und Armenverwaltung festangestellte, ausgebildete Fachkräfte (paid agents) beschäftigten. Die *paid agents* waren jeweils für eine bestimmte Anzahl von friendy visitors verantwortlich, wobei sie deren Arbeit überwachten, kontrollierten und anleiteten: also eine frühe Vorläuferform der Supervision durch Vorgesetzte, die den Charakter von Überprüfung der Arbeitsleistung, Kontrolle der Zielerreichung und der Disziplinierung hatte. Das Konzept der friendly visitors war äußerst erfolgreich und breitete sich in vielen amerikanischen Großstädten aus – bereits im Jahr 1890 gab es 78 lokale Charity Organization Societies, die 174 paid agents beschäftigten, die für 2017 friendly visitors zuständig waren (Kadushin & Harkness, 2014, S. 1) und 1899 veröffentlichte Mary Richmond, eine der bedeutendsten Gründerpersönlichkeiten der Sozialen Arbeit, hierzu *Friendly Visiting among the Poor. A Handbook for Charity Workers.* Etwa zeitgleich und in ähnlichem Arbeitsfeld entwickelte sich in England ebenfalls eine frühe Form der Supervision. Ab dem Jahr 1883 unterstützte der Pfarrer und Sozialreformer Samuel Barnett (1844–1913) in wöchentlichen Vier-Augen-Gesprächen ehrenamtliche

© Der/die Autor(en), exklusiv lizenziert an Springer Fachmedien Wiesbaden GmbH, ein Teil von Springer Nature 2022
F. Como-Zipfel und S. Lanig, *Verhaltensorientierte Supervision für soziale und pädagogische Berufe*, essentials, https://doi.org/10.1007/978-3-658-37336-8_2

Helfer*innen, die von ihm im Londoner Elendsquartier Whitechapel eingesetzt wurden und die durch ihre Tätigkeit emotional belastet waren: also eine frühe Vorläuferform der Supervision durch Ehrenamtliche, der den Charakter von Entlastung und Bewältigung hatte (Belardi, 2018, S. 18). Die Supervision der noch jungen Sozialen Arbeit im angloamerikanischen Raum enthielt bereits gleichermaßen die Aspekte einer Kontrollorientierung und einer Beziehungsorientierung. Diese Entwicklung setzte sich im akademischen Bereich fort. An der School of Social Work der Columbia University (New York) gab es schon 1898 erste Kurse über Supervision. Das erste Buch über Supervision erschien im Jahre 1904 unter dem Titel *Supervision and Education in Charity* von Jeffrey R. Brackett (Belardi, 2018, S. 18 f.). Anhaltspunkte für die weitere professionelle Auseinandersetzung mit der Supervision in der Einzelfallarbeit (Fallanalyse) finden sich auch den Publikationen, *Social Diagnosis* (1917) und *What is social case work?* (1922) von Richmond (Kadushin & Harkness, 2014, S. 6 f.; Althoff, 2018, S. 6 ff.). In Deutschland wurde Supervision als Praxisbesprechung und Praxisauswertung erstmals an Ausbildungsinstituten für Wohlfahrtspflegerinnen bzw. Fürsorgerinnen angeboten: ab 1920 an der Sozialen Frauenschule in München unter der Bezeichnung *Besprechung der sozialen Praxis;* ab 1926 an der Wohlfahrtsschule in Jena als vierstündige Auswertungsgespräche, jede Woche direkt nach einem zweitägigen Praktikum (Belardi, 2018, S. 18). Die erste deutschsprachige Publikation in der der Begriff Supervision verwendet wurde, findet sich in dem 1950 veröffentlichten Buch *Casework in USA* der deutsch-amerikanischen Sozialarbeitswissenschaftlerin Hertha Kraus (1897−1968), die nach dem zweiten Weltkrieg zum Wiederaufbau von Wohlfahrtsorganisationen und der Sozialen Arbeit in Deutschland beitrug (Schirrmacher, 2002; Belardi, 2020 S. 21 f.).

Heterogenität

3

Die gegenwärtig im deutschsprachigen Raum vorliegende Fachliteratur über Supervision für soziale und pädagogische Berufe ist äußerst umfangreich und kaum überschaubar. Belardi (2017a, S. 1016) geht von mehreren tausend Publikationen, von hunderten Abschlussarbeiten, von dutzenden Dissertationen und Habilitationsschriften aus. Im Fokus dieser Texte spiegeln sich die vielfältigen Facetten der Supervision in ihren unterschiedlichen Settings und Themen (siehe Abb. 3.1), in ihren unterschiedlichen Aufgaben sowie in ihren unterschiedlichen Methodenansätzen (z. B. Psychoanalyse, Gesprächstherapie, Gestalttherapie, Systemische Therapie, Verhaltenstherapie). Zudem stellen auch die Arbeitsfelder der sozialen und pädagogischen Berufe äußerst heterogene Anforderungen an die Supervision. Denn auch hier herrscht Vielfalt: 1) bzgl. der unterschiedlichen Organisationsformen (ambulant, teilstationär, vollstationär); 2) bzgl. der unterschiedlichen Einsatzgebiete (z. B., Beratungsstellen, Psychotherapie, Kliniken, Suchthilfe, Migrationshilfen, Heimerziehung, Schule, Jugendhilfe, Altenhilfe, Behindertenhilfe); 3) bzgl. der unterschiedlichen Ausbildungen der Supervisanden*innen (z. B. Heilerzieher*innen, Erzieher*innen, Pädagog*innen, Sozialarbeiter*innen, Lehrer*innen).

Aufgrund dieser äußerst unterschiedlichen fachlichen Perspektiven ist es kaum verwunderlich, dass bislang weder eine generelle Definition, noch ein allgemein gültiges theoretisches Konzept von Supervision für die sozialen und pädagogischen Berufe vorliegt. Doch trotz all dieser unterschiedlichen Perspektiven finden sich in der Literatur (Galuske, 2013, S. 341 f.; Schigl et al., 2020, S. 9; Belardi, 2017b, S. 110 f.; Schubert, 2018, S. 289 f.; Deutsche Gesellschaft für Supervision und Coaching, 2017) vier häufig beschriebene Markenkerne von Supervision für soziale und pädagogische Berufe, die an dieser Stelle als vorläufige Definition dienen sollen:

F. Como-Zipfel und S. Lanig, *Verhaltensorientierte Supervision für soziale und pädagogische Berufe*, essentials, https://doi.org/10.1007/978-3-658-37336-8_3

A1	Ausbildungssupervision (Teil des Studiums bzw. Weiterbildung)
A2	Lehrsupervision (Teil der Supervisions-Ausbildung)
A3	Supervision im Arbeitskontext (für Berufstätige, Ehrenamtliche u.a.)
B1	Organisationsinterne Supervision (durch interne Fachkräfte, Vorgesetzte, Stabstellen)
B2	Organisationsexterne Supervision (durch außenstehende Fachkraft)
C1	Fallbezogene Supervision (bzgl. der unmittelbaren Arbeit mit Klient*innen)
C2	Organisationsbezogene Supervision (organisatorische Themen, Teamkonflikte u.a.)
D1	Einzelsupervision
D2	Gruppensupervision „Stranger Group" (Teilnehmende kommen aus unterschiedlichen Institutionen)
D3	Teamsupervision „Family Group" (Teilnehmende kommen aus der gleichen Institution bzw. Abteilung)
D4	Kollegiale Supervision bzw. Intervision (i.d.R. innerbetrieblich mit wechselnder Moderation)

Abb. 3.1 Exemplarische Settings und Themen in der Supervision

- Supervision ist eine professionelle Dienstleistung, die praxisbezogene Beratung, Unterstützung und Anleitung von Einzelpersonen, Gruppen und Teams im beruflichen Kontext umfasst;
- Supervision soll zur Verbesserung der Kompetenzen, zur Entwicklung der Professionalität, zur Arbeitszufriedenheit, zur Problemlösefähigkeit sowie zur Entlastung der Supervisand*innen beitragen und dadurch die Qualität bzw. Wirksamkeit deren professionellen Handelns sichern und steigern;
- Supervision kann sich sowohl auf fallbezogene, teambezogene, organisationsbezogene Inhalte, als auch auf und persönliche und kompetenzbezogene Themen erstrecken;
- Supervision kann dazu beitragen, fachliche Fragestellungen zu lösen, interne Kommunikations- und Kooperationsprobleme zu reflektieren, institutionelle Komplexität zu reduzieren und organisatorische Entwicklungsimpulse zu produzieren.

Diese sehr allgemeinen Charakterisierungen von Supervision kennzeichnen einerseits einen hohen professionellen Anspruch, andererseits sind sie äußerst breit gefächert, schwerlich operationalisierbar und kaum messbar. Insofern müssen wir zunächst von einer unscharfen, in der Praxis jedoch vorherrschenden Definition von Supervision ausgehen, in der sich nahezu alle Fachkräfte und Methodenschulen mehr oder weniger verorten können. Zur Methodenfrage stellen Belardi (2015, S. 38 f.) und Schubert (2018, S. 294 f.) fest, dass Supervision in der Sozialen Arbeit i. d. R. interdisziplinär ausgerichtet ist und kein einheitliches Konzept hat. Dies ist ein bedeutender Unterschied zur (Ausbildungs-)Supervision in der Psychotherapie, die sich methodisch sehr stark am jeweiligen Richtlinienverfahren orientieren muss. In der Supervision für soziale und pädagogische Berufe hingegen sind in den vergangenen Jahren multidimensionale, metatheoretische oder integrative Ansätze (z. B. Schreyögg, 1991; Petzold, 1998) entwickelt worden. Diese kombinieren häufig die Perspektiven verschiedener psychotherapeutischer Methodenschulen (siehe oben), hinzu kommen zudem sozialwissenschaftliche Inhalte z. B. aus der Organisationssoziologie (Belardi, 2017a, S. 1016; Schubert, 2018, S. 292). Die Wahl der geeigneten Methode liegt in der Praxis letztlich in der Verantwortung der Supervisor*innen und sollte auf Grundlage von deren Berufserfahrung und Fachkunde erfolgen – sie hängt jedoch auch vom jeweiligen Setting und Auftrag ab (Buchinger & Klinkhammer, 2007 S. 37; Schubert, 2018, S. 294; Lieb, 2005, S. 249 f.). Letztlich ergeben sich für die Supervisions-Forschung gerade bzgl. der Methodenfrage noch wichtige Aufgabenstellungen. Denn es ist festzustellen, dass bzgl. der Dokumentation, der Wirksamkeit, der Wirtschaftlichkeit und den Nebenwirkungen von Supervision noch ein erheblicher Bedarf an empirischen Untersuchungen besteht (Merten & Hamburger, 2016, S. 28; Schigl et al., 2020, S. 27 ff.). Daher gibt es eine ganze Reihe offener Fragen zu deren Qualität: Wie kann der professionelle Anspruch von Supervision erfüllt werden? Welche institutionell-organisatorischen Maßnahmen können dazu beitragen, damit der Anspruch eingelöst wird? Welche Voraussetzungen müssen die Supervisor*innen und die Supervisand*innen erfüllen, damit der Anspruch eingelöst wird? Wie kann gemessen werden, ob der Anspruch eingelöst wurde?

Wenn es also noch keine generelle Definition von Supervision, noch keinen verbindlichen Qualitätsrahmen, noch keine konsensfähige Methodenlehre und noch kein einheitliches Evaluationsinstrumentarium gibt, dann ist es möglicherweise sinnvoll die Perspektive auf den Bereich zu legen, über den in der Literatur die größte Einigkeit besteht: die notwendigen Kernkompetenzen von Supervisor*innen. Aus praxisorientierter sowie praxeologischer Perspektive könnte daher ein detaillierter Blick auf 1) das, was der*die Supervisor*innen können sollten, auf 2) das was sie tun sollten sowie auf 3) das was sie in der Praxis konkret tun, zu einem besseren Verständnis des komplexen Begriffs der Supervision beitragen.

Der Begriff *Supervision* hat einen Doppelcharakter. Die Kombination der lateinischen Begriffe super (im Sinne von: „über", „darüber", „von oben her") und videre (im Sinne von „sehen", „erblicken", „beschauen") umschreiben Übersicht oder Überblick. Im Englischen hingegen bedeutet Supervision „Beaufsichtigung", „Überwachung" oder „Aufsicht". Diese unterschiedlichen inhaltlichen Interpretationen skizzieren zwei Pole eines Spannungsfeldes, das bis heute maßgeblich für die Theorie und die Praxis der Supervision in den sozialen und pädagogischen Berufen ist. So differenziert Kadushin bereits 1976 in seinem wegweisenden Buch *Supervision in Social Work* (aktuell 5. Auflage: Kadushin & Harkness, 2014) die Funktionen von Supervision in drei Kategorien: (A) die administrative Supervision, (B) die edukative Supervision, (C) die supportive Supervision. Aus diesen Kategorien leiten sich die grundlegenden Anforderungen, Aufgaben und Pflichten für Supervisor*innen ab:

- **A: Die administrative Supervision** betont ihren ursprünglichen Charakter von Beaufsichtigung und Anleitung. Sie wird in diesem Sinne als Anleitung der Mitarbeitenden innerhalb betriebsinterner Hierarchien verstanden und erfolgt durch weisungsbefugte Vorgesetzte, Leitungskräfte oder Stabsstellen. Die Inhalte umfassen z. B. Qualitätssicherung, Evaluation, Falldokumentation, Protokollführung, Berichtswesen, Bindung an die Organisation, Realisierung der Einrichtungsinteressen, Leistungskontrolle, Auswertungs- und Beurteilungsgespräche, Zufriedenheit der Arbeitnehmer*innen, Entwicklung von Konfliktlösung, Organisationsentwicklung, berufsständische und gesetzliche Vorschriften. (Mordock, 1990, S. 81 ff.; Schmelzer, 1997, S. 181 & 195 f.; Kadushin & Harkness, 2014, S. 27 ff.; Belardi, 2017a, S. 1016 ff.).
- **B: Die edukative Supervision** konzentriert sich auf den Lernerfolg der Supervisand*innen, die sich in der Aus- bzw. und Weiterbildung befinden. Die

Supervisor*innen kooperieren i. d. R. mit einem*einer Bildungträger*in und stellen ihr Expert*innenwissen zur Verfügung. Sie diskutieren gemeinsam mit den Teilnehmenden Strategien der Fallbearbeitung und Problemlösung, lenken die Aufmerksamkeit auf relevante Inhalte eines Hilfeprozesses, ermöglichen eigenständige Lernerfahrungen, respektieren Fehler als Teil des Lernprozesses, vermitteln eine positive Haltung zu Profession und Berufsethos (Schmelzer, 1997, S. 195 f.; Kadushin & Harkness, 2014, S. 90 ff.).

- **C: Die supportive Supervision** konzentriert sich auf die Arbeit mit berufs-tätigen Fachkräften und bisweilen auch auf Ehrenamtliche. Sie wird i. d. R. von externen Fachkräften durchgeführt, die nicht in den innerbetrieblichen Hierarchien eingebunden sind. Die Inhalte umfassen die gemeinsame Erar-beitung von Strategien in der Fallbearbeitung, adäquate Rückmeldungen zur Arbeit der Supervisand*innen, Bewältigungsstrategien für arbeitsbezogenen Stress und Überforderung entwickeln, Lösungen für Teamkonflikte erarbeiten, Kritikfähigkeit fördern, Unterstützung für Supervisand*innen bei der Über-nahme neuer Aufgaben. Zu den Aufgaben der supportiven Supervisor*innen gehört es auch, eine vertrauensvolle Arbeitsatmosphäre während der Sitzungen zu entwickeln, die zu einem geschützten und kollegialen Austausch beiträgt. (Schmelzer, 1997, S. 196.; Kadushin & Harkness, 2014, S. 159 ff.)

Während die administrative Supervision in den USA die vorherrschende Form von Supervision ist, entsprechen die Aspekte der edukativen und der supportiven Supervision eher den Ansätzen, die im deutschsprachigen Raum am verbreitets-ten sind. In der Praxis der Supervision für soziale und pädagogische Berufe zeigt sich jedoch, dass sich die unterschiedlichen Inhalte der oben genannten Funktionen bisweilen überschneiden. Für externe und interne Supervisor*innen bestehen zudem unterschiedliche Gestaltungsmöglichkeiten. Externe Supervi-sor*innen werden in der Praxis von den Teilnehmenden i. d. R. frei ausgewählt, sind freiberuflich tätig und schließen einen Vertrag mit der beauftragenden Orga-nisation. Ihnen werden – ausgesprochen oder unausgesprochen – spezifische Qualitätsmerkmale zugeschrieben: z. B. eine umfassende Überschau und Neutra-lität aus dem „Abstand der Außenstehenden" (Schigl et al., 2020, S. 20). Für interne Supervisor*innen gilt, dass sie von den Teilnehmenden i. d. R. nicht ausgewählt werden. Ihre Position innerhalb der Institution liegt strategisch in einem Spannungsfeld zwischen Vertraulichkeit gegenüber den Teilnehmenden sowie einer offenen Kooperation (Mitteilungspflicht) gegenüber der Leitungs-ebene. Diese potentielle Konfliktkonstellation erfordert ein besonderes Maß an Transparenz und Sorgfaltspflicht von den internen Supervisor*innen.

Neben den formalen Grundvoraussetzungen für die Tätigkeit als Supervisor*in – abgeschlossenes Studium, Berufserfahrung, (zertifizierte) Weiterbildung in Supervision – wird in der deutschsprachigen Literatur (Belardi, 2017a, S. 1015 f.; Galuske, 2013, S. 340 ff.; Hamburger & Mertens, 2017; Schubert, 2018, S. 288 f.) übereinstimmend auf eine Vielzahl von verschiedenen Kernkompetenzen hingewiesen, die für eine professionelle Tätigkeit als Supervisor*in als notwendig erachtet werden. Ebenso wie Kadushins o.g. Funktionskategorien enthalten diese Kernkompetenzen eine Reihe von Sollens-Anforderungen (Pflichten) und benennen, das was Supervisor*innen *können* und *tun* sollten. Im Folgenden werden diese Kernkompetenzen in drei Kataloge unterteilt: 1) Feldkompetenzen; 2) beratungs- und ordnungsbezogene Kompetenzen; 3) Persönlichkeitsbezogene und soziale Kompetenzen.

4.1 Feldkompetenz

Mit Feldkompetenz in der Supervision ist ein vertieftes Wissen von berufserfahrenen Fachkräften bzgl. typischer institutioneller Arbeitsbedingungen, organisatorischer Strukturen, rechtlicher Rahmenbedingungen, betrieblicher Milieus, professioneller Vernetzungen, Kooperationen, klientelspezifischen Problemlagen, Dilemmata und Konflikten in einschlägigen Arbeitsgebieten gemeint. Feldkompetente Supervisor*innen verfügen also über spezifische Expertisen im Sinne eines Überblicks über ein Handlungsfeld und eines Verständnisses bzgl. der dortigen Herausforderungen an Professionelle (Belardi, 2015, S. 36; Schubert, 2018, S. 294). Die Berufslandschaft für soziale und pädagogische Fachkräfte ist jedoch interdisziplinär, heterogen und umfasst verschiedene Trägerschaften (z. B. kirchliche, öffentliche, freie), hochdifferenzierte Tätigkeitsprofile (z. B. administrativ, beratend, betreuend), unterschiedlichste Settings (z. B. aufsuchend, ambulant, teilstationär, stationär, einzelfallbezogen, gruppenbezogen, sozialraumbezogen), verschiedenste Klient*innengruppen (z. B. Kinder, Jugendliche, Senior*innen, Menschen mit Behinderungen, Menschen mit Migrationshintergrund, psychisch Erkrankte, Wohnungslose) und Arbeitsfelder (z. B. Wohnheime, Betreutes Wohnen, Kliniken, Beratungsstellen, Justizvollzugsanstalten). Diese gravierenden Unterschiede bestimmen den Arbeitsalltag und die Berufsrealität der Fachkräfte: daher sind z. B. die Herausforderungen und die praktischen Tätigkeiten eines Streetworkers, einer Leiterin eines Altenheims, eines Schulsozialarbeiters, einer Heimerzieherin oder eines gesetzlichen Betreuers kaum miteinander vergleichbar (Belardi, 2015, S. 37; Como-Zipfel et al., 2019, S. 18).

Das sehr große Spektrum von diversen Arbeitsbereichen bedeutet, dass es keine Fachkraft geben kann, die eine fundierte feldkompetente Supervision in allen sozialen und pädagogischen Bereichen anbieten könnte. Denn niemand ist in der Lage, dieses spezifische Erfahrungswissen für alle Bereiche nachzuweisen – dies würde auch dem Prinzip einer Expertise widersprechen. Dennoch verfügen vor allem Fachkräfte mit langjähriger Berufspraxis über vielfältige Erfahrungen, die durch professionelle Kooperationen und Vernetzungen mit den verschiedensten Sozialeinrichtungen erworben wurden. Dadurch könnten sie neben der spezifischen Feldkompetenz auch über eine generelle Supervisionskompetenz im Sinne einer feldübergreifenden Überschau verfügen (Schigl et al., 2020, S. 20).

Auch wenn sich viele Supervisor*innen die Supervision als eine allgemeine Beratungswissenschaft und sich als generalistische „All-Round-Supervisor*innen" (Belardi, 2017a, S. 1015) sehen möchten, spricht vieles für feldspezifische Spezialisierungen. Denn die Feldkompetenz ergänzt einerseits die alleinige Orientierung von Supervisor*innen an reinem Methodenwissen; andererseits integriert sie das Wissen um die „Mehrdimensionalität" (Belardi, 2015, S. 37) von besonderen Problemlagen in bestimmten Settings, Institutionen, Zielgruppen und Mandaten. Insofern ist die Feldkompetenz eine wichtige Grundvoraussetzung für eine erfolgversprechende Supervision. Ein *Zuviel* an Feldkompetenz kann jedoch auch zu unerwünschten Nebenwirkungen im Prozess der Supervision führen: z. B. wenn Supervisor*innen, die über eine sehr lange Praxis in einem Handlungsfeld verfügen, ihre eigenen beruflichen Erfahrungen zu stark gewichten, sodass eine Betriebsblindheit gegenüber den aktuellen Themen und individuellen Fragestellungen der Teilnehmenden entstehen kann. In diesem Sinne kann ein Übermaß an Souveränität auf der persönlichen Ebene zu Bagatellisierung, Ungeduld und Unverständnis gegenüber den Problemen von unerfahrenen Supervisand*innen führen. Auf der organisatorischen Ebene kann zudem ein Zuviel an Routine die Entwicklung von neuen Perspektiven und Innovationen behindern (Belardi, 2015, S. 37; Schubert, 2018, S. 294).

4.2   Beratungs- und abstraktionsbezogene Kompetenzen

Der Aufbau eines tragfähigen Arbeitsbündnisses und einer vertrauensvollen Arbeitsbeziehung zwischen Supervisor*in und den Teilnehmenden innerhalb der ersten Termine, ist eine günstige Voraussetzung für den weiteren Verlauf der Sitzungen. Hierzu gehören Handlungen seitens des*der Supervisor*in die dazu dienen, dass eine geschützte Atmosphäre entsteht, die auf Respekt, Wertschätzung, Akzeptanz, Neutralität, Autonomie und Verschwiegenheit beruht. In diesem

Zusammenhang sind beratungsbezogene Kompetenzen wichtig. Denn nur ein angemessener Umgang mit den Emotionen der Supervisand*innen kann dazu beitragen, individuelle Barrieren wie z. B. Misstrauen, Skepsis, Befürchtungen und Widerstände zu erkennen und zu reduzieren. Supervisorische Beratungskompetenzen erfordern daher kommunikative Fähigkeiten gegenüber der Teilnehmenden wie z. B. genaues Zuhören, aktives Nachfragen, das Stellen passender Fragen, das Geben eines angemessenen Feedbacks. Supervisor*innen müssen zudem den Prozess der Sitzungen professionell steuern und feststellen, welche Probleme, Themen und Ziele in der gegebenen Konstellation relevant sind. Sie müssen auch beurteilen, wann die Grenzen eines Supervisionssettings erreicht sind und wann eine andere Maßnahme notwendig wird. All diese Fähigkeiten erfordern von den Supervisor*innen also auch Ordnungs- und Abstraktionskompetenzen des zeitnahen Erfassens, Bewertens und Zusammenfassens komplexer Sachverhalte und Prozesse (Komplexitätsreduktion) während einer Sitzung. Belardi (2015, S. 38 f.) und Schubert (2018, S. 294 f.) weisen zudem darauf hin, dass Beratungskompetenz in der Supervision auch bedeutet, Techniken der berufsspezifischen Gesprächsführung, Moderation, Präsentation und Dokumentation zu beherrschen und einzusetzen.

4.3 Persönlichkeitsbezogene und soziale Kompetenzen

Die persönlichkeitsbezogenen und sozialen Kompetenzen von Supervisoren*innen sind von den beratungs- und feldbezogenen Kernkompetenzen abzugrenzen, da in diesem Bereich vor allem individuelle Variablen eine erhebliche Bedeutung haben: z. B. Biographie, Lebenserfahrung, Sozialisation, Bildungsweg, Herkunft, charakterliche Eigenschaften, soziales, ökonomisches, kulturelles und ggf. religiöses Milieu. Diese Faktoren können Einflüsse haben, z. B. auf das Verantwortungsgefühl, die Lebenseinstellung, das Ethos, die Vertraulichkeit, die Geduld, das Mitgefühl, die Achtsamkeit, die Beobachtungsgabe, die Selbstwahrnehmung und die Selbstfürsorge einer Fachkraft. So könnten bestimmte Überzeugungen von Supervisor*innen deren Unvoreingenommenheit beeinflussen, z. B. wenn er*sie eine streng katholische Einstellung hat und ein Beratungsstellen-Team supervidiert, das ihre Klient*innen bzgl. Sexualität, Familienplanung, Verhütung und Schwangerschaftsabbruch informiert.

Soziale Kompetenzen im Besonderen sind individuelle Fähigkeiten für die Gestaltung eines erfolgreichen Umgangs mit anderen Menschen in bestimmten sozialen Situationen. Oftmals werden soziale Kompetenzen mit gut operationalisierbaren Begriffen umschrieben, wie z. B.: Nein sagen können, auf Kritik reagieren können, Widerspruch äußern können, sich entschuldigen können, um einen Gefallen bitten können, sich Schwächen eingestehen können, erwünschte Kontakte arrangieren können, unerwünschte Kontakte beenden können, Komplimente akzeptieren und machen können, Gespräche beginnen, aufrechterhalten und beenden zu können (Hinsch & Pfingsten, 2015, S. 17 ff.). Daneben auch komplexe Fähigkeiten wie z. B. die Regeln und Strukturen zwischenmenschlicher Beziehungsmuster erfassen und mit ihnen angemessen umgehen zu können. Für soziale und pädagogische Berufe ist zudem bedeutend, mit den Hilfesuchenden aus unterschiedlichsten sozialen Milieus angemessen kommunizieren zu können. Denn professionelles Handeln von Fachkräften sollte zielgruppengerecht sein und langfristig zu günstigen Ergebnissen für ihre Klientel führen.

Vor dem Hintergrund, dass während einer Supervision immer ein Kommunikationsprozess zwischen Supervisor*in und Teilnehmenden stattfindet, in dem sich Inhalts- und Beziehungsebenen wechselseitig beeinflussen, müssen zwei Aspekte beachtet werden: 1) die individuellen Berufsauffassungen und das professionelle Handeln von Teilnehmenden, unter dem Aspekt von deren unterschiedlichen Herkünften und aktuellen Lebensbedingungen; 2) die aktuellen arbeitsweltlichen Kontexte und professionellen Systeme der Teilnehmenden, unter dem Aspekt der dortigen Arbeitsbedingungen, betrieblichen Milieus, Hierarchien und Interaktionsmuster. Diese Fähigkeit von Supervisor*innen ist eine Voraussetzung dafür, dass die Verschiedenheiten aller Teilnehmenden angemessen berücksichtigt und in den gemeinsamen Lernprozess einbezogen werden können. (Drinkmann & Schiebel, 2004, S. 16 f.; Lieb, 2005, S. 260; Greimel-Fuhrmann, 2013, S. 16; Hinsch & Pfingsten, 2015, S. 17 ff.; Schubert, 2018, S. 294 f.).

Zur Kompetenz- und Methodenfrage 5

Bei der Betrachtung des o. g. Katalogs von Kompetenzanforderungen für Supervisior*innen werden mehrere Problemkonstellationen deutlich:

1. Fast alle der genannten Fertigkeiten und Fähigkeiten weisen eine gewisse Unschärfe bzw. eine mangelnde Operationalisierbarkeit auf. Zudem fehlt ein einheitliches Evaluationsinstrumentarium. Dadurch wird – wie bereits oben erwähnt – die qualitative bzw. quantitative Erfassung der konkreten Handlungen eines*einer Supervisor*in in seiner*ihrer Praxis erschwert und eine präzise Dokumentation, Vergleichbarkeit und Wirksamkeitsmessung ist kaum realisierbar.

2. Die große Menge und Vielfalt der sich teilweise auch widersprechenden Kompetenzen bedeutet, dass es in der Berufsrealität wohl keinen*keine Supervisor*in geben kann, der*die all diese Anforderungen zur Gänze erfüllt. Insofern sind diese Kompetenz-Kataloge letztlich nur grobe Orientierungsgrößen, die das Idealbild einer omnipotenten Fachkraft skizzieren, dem sich Supervisor*innen realistischerweise allenfalls annähern können. Schmelzer (1997 S. 184) weist daher auf die Figur *eines*einer hinreichend guten Supervisors*in* hin. Diese Figur ist sich nicht nur ihrer professionellen Stärken und Schwächen bewusst, sondern auch ihren persönlichen Vorlieben und Abneigungen, ihren Befindlichkeiten, ihrer schwankenden Tagesform, ihrem Umgang mit Stress und sozialen Situationen. All dies hat letztlich Einfluss auf das, was Supervisor*innen an konkreten Gestaltungsmöglichkeiten in der Praxis zur Verfügung steht.

3. In der Fachliteratur werden die unterschiedlichen Ausgangssituationen für die externe und die interne Supervision kaum berücksichtigt und setzen – anscheinend unausgesprochen – freiberufliche, externe Supervisor*innen voraus. Wie

F. Como-Zipfel und S. Lanig, *Verhaltensorientierte Supervision für soziale und pädagogische Berufe*, essentials, https://doi.org/10.1007/978-3-658-37336-8_5

bereits erwähnt entwickeln sich jedoch aus dem Setting der organisationsin-
ternen Supervision z. T. erhebliche Unterschiede bzgl. der Anforderungen,
Strategien und Verpflichtungen für die Fachkräfte. Diese speziellen Aufgaben für interne Supervisor*innen, sollten künftig in einem zusätzlichen
Kompetenz-Katalog behandelt werden.

4. In Anbetracht der oben beschriebenen Methodenvielfalt in der Supervision
für soziale und pädagogische Berufe muss kritisch gefragt werden, ob eine
eklektizistische Perspektive tatsächlich immer als der Königsweg bewertet
werden kann. Denn es gibt Konstellationen, bei denen die Fokussierung auf ein
einziges evidenzbasiertes Konzept (im Sinne eines wissenschaftlichen Lehr-
gebäudes oder einer Methodenschule) erfolgsversprechender erscheint, z. B.
bei der fallbezogenen Supervision. So verfügen etablierte Konzepte wie die
Psychoanalyse, die Verhaltenstherapie, die Tiefenpsychologie oder die systemische Therapie als sogenannte Richtlinienverfahren über eine lange Tradition
und einen umfangreichen Erfahrungsschatz in der Arbeit mit Klient*innen
bzw. Patient*innen und könnten auf der Basis von erprobten, praxisorientier-
ten und kohärenten Modellen (bzgl. Diagnose, Intervention, Prognose) gut zur
Entwicklung von Lösungsstrategien beitragen. Diese Perspektive spräche also
gegen eine Vielfalt verschiedener Ansätze – zumindest in Settings, die sich
hauptsächlich der Fallsupervision widmen. In diesem Zusammenhang definieren Schigl et al. (2020, S. 33) als wesentlichstes Qualitätskriterium eines
Supervisionskonzepts, dass dessen Wirksamkeit, Wirtschaftlichkeit und Unbe-
denklichkeit der dort eingesetzten Methoden wissenschaftlich belegt werden
kann. Entscheidend für die Realisierung des Anspruchs von Supervision wäre
demnach also nicht die *Vielfalt* der Methoden, sondern deren nachgewiesene
Qualität. Daher wäre bereits der fundierte Einsatz eines einzigen evidenzbasierten Konzepts erfolgsversprechend. Was möglicherweise ebenfalls für die
Fokussierung auf eine Methodenschule spricht ist das supervisorische Ziel
einer Komplexitätsreduzierung. Denn die Berufsrealität der sozialpädagogischen Arbeitsfelder zeichnet sich durch einen hohen Grad an inhaltlicher
und organisatorischer Komplexität aus – und es ist eine zentrale Aufgabe
von Supervision, diese Komplexität angemessen zu ordnen, zu komprimieren,
zu strukturieren sowie Lösungen zu entwickeln. Auch für diese organisatorische Anforderung an Supervisor*innen ist es denkbar, dass die Orientierung
an einem kohärenten Modell, zur Strukturierung und Komplexitätsreduktion beitragen kann. In den folgenden Abschnitten schlagen wir daher vor,
dass der Fokus auf den Einsatz *nur* eines evidenzbasierten Konzepts in der

supervisorischen Fallarbeit gelegt werden sollte und stellen daher in den folgenden Abschnitten exemplarisch die Perspektiven einer verhaltensorientierten Supervision für soziale und pädagogische Berufe vor.

Verhaltensorientierte Perspektiven in der Supervision

6

Die weltweit ersten Publikationen über verhaltensorientierte Perspektiven in der Supervision finden sich in zwei Texten aus dem Jahr 1969: *The Practice of Behavior Therapy* von Joseph Wolpe (dt.: Praxis der Verhaltenstherapie 1972) sowie *Behavior modification in the natural enviornment* von Roland Tharp & Ralph Wetzel (dt.: Verhaltensänderungen im gegebenen Sozialfeld 1975). Die gegenwärtig im deutschsprachigen Raum verfügbare Literatur über explizit verhaltensorientierte Supervision beschränkt sich auf wenige Titel und hat ihren Schwerpunkt im Bereich der Psychotherapie. Hingewiesen sei an dieser Stelle auf: Ursula Rzepka-Meyer: *Supervision von Verhaltenstherapie* (1997); Dieter Schmelzer: *Verhaltenstherapeutische Supervision* (1997) & *Verhaltensorientierte Supervision Sozialer Arbeit* (2013); Hans Lieb: *Verhaltenstherapeutische Supervision. Ein Modell in Haupt- und Unterprogrammen* (1993; 2005; 2016); Gerhard Zarbock: *Phasenfahrplan VT. Aufgaben und Strukturierungshilfen für Therapeuten und Supervisoren* (2010); Gerhard Zarbock: *Praxisbuch VT-Supervision. Konzepte und Materialien für eine Aufgaben- und Kompetenzorientierte Supervision* (2016: Sammelband mit 29 Beiträgen); Gerhard Zarbock, Eva Schweigert & Jenny Hampel: *Die Kompetenz-Trainings-Spirale. Ein Beitrag zur Kompetenzorientierung in der VT-Supervision* (2017); Valerija Sipos & Ulrich Schweiger: *Supervision und Verhaltenstherapie* (2017); Serge Sulz & Ute Gräff-Rudolph: *Supervision in der Verhaltenstherapie* (2019).

Die zentrale inhaltliche Voraussetzung für die Durchführung einer verhaltensorientierten Supervision für soziale und pädagogische Berufe ist, dass die Fachkraft über umfangreiche Kompetenzen (theoretisches Wissen und praktisches Können) bzgl. der behavioralen Lerntheorien, der Verhaltensdiagnostik, der Verhaltensmodifikation und zudem der Berufsethik verfügt. Diese speziellen Kompetenzen können i. d. R. nur durch eine entsprechende Aus- und

© Der/die Autor(en), exklusiv lizenziert an Springer Fachmedien Wiesbaden GmbH, ein Teil von Springer Nature 2022
F. Como-Zipfel und S. Lanig, *Verhaltensorientierte Supervision für soziale und pädagogische Berufe*, essentials, https://doi.org/10.1007/978-3-658-37336-8_6

Weiterbildung erworben werden und sind insbesondere von den folgenden beiden Berufsgruppen zu erwarten: 1) im Richtlinienverfahren Verhaltenstherapie approbierte Psychologische Psychotherapeut*innen sowie Kinder- und Jugendlichenpsychotherapeut*innen; 2) Absolvent*innen mit einem sozialarbeiterischen oder pädagogischen Hochschulabschluss sowie einer verhaltensorientierten Weiterbildung (z. B., Zertifikat „Verhaltensorientierte Beratung" Hochschule Zürich; Master „Verhaltensorientierte Beratung" Hochschule Würzburg-Schweinfurt). Vor der Aufnahme einer Tätigkeit als Supervisor*in sollten diese Abschlüsse noch durch eine mehrjährige Berufspraxis sowie eine (zertifizierte) Qualifizierung in Supervision ergänzt werden. Diesbezügliche Weiterbildungen werden – abhängig von Vorbildung und gemäß der jeweils gültigen Richtlinien – von verhaltenstherapeutischen Fachverbänden (z. B. Arbeitsgemeinschaft für Verhaltensmodifikation) oder von allgemeinen Verbänden (z. B. Deutsche Gesellschaft für Supervision und Coaching) angeboten.

Durch die Bezugnahme auf die Lerntheorien liegt den verhaltensorientierten Methoden ein universelles Konzept menschlichen Handelns zugrunde. Daher ist in der Fallarbeit die Anwendung des verhaltensorientierten Ansatzes prinzipiell für alle Handlungsfelder, Settings und Klientel der sozialen und pädagogischen Berufe denkbar (Blanz et al., 2014, S. 327 ff.). In der Fallsupervision ist es von Bedeutung, dass mit den verhaltensorientierten Methoden einerseits das problematische Verhalten von einzelnen Klient*innen analysiert und mit den Teilnehmenden diskutiert werden kann; andererseits ist es aber auch wichtig, das professionelle Verhalten der Supervisand*innen zu analysieren und zu reflektieren. Galuske betont, dass die Supervision zu den „indirekt-interventionsbezogenen Methoden" (2013, S. 167) gehört. D. h. dass im Rahmen einer Fallsupervision die Hilfestellung für die Klientel nur durch die Fachkraft, die den Fall eingebracht hat, erfolgen kann und nicht durch den*die Supervisor*in. In diesem Sinne arbeiten die Supervisand*innen also *unmittelbar* mit der Klientel, Supervisor*innen hingegen nur *mittelbar.* Aus verhaltensorientierter Sicht ist es also ein Ziel, die professionellen Handlungen, Motivationen und Ziele der Supervisand*innen während deren Arbeit mit der Klientel, gemeinsam zu diagnostizieren und ggf. zu modifizieren, um der hilfesuchenden Klientel die bestmöglichen Angebote machen zu können sowie gleichzeitig für die Fachkräfte bestmögliche Arbeitsbedingungen und -zufriedenheit zu entwickeln.

6.1 Verhaltensorientierte Konzepte

Die verhaltensorientierten Methoden leiten sich aus den behavioralen Lerntheorien und deren Menschenbild ab. Diese Theorien gehen davon aus, dass ein Großteil des menschlichen Verhaltens nicht angeboren ist, sondern erst im Laufe des Lebens durch vielfältige individuelle Erfahrungen und Lernprozesse erworben wird (Blanz et al., 2014, S. 326 ff.). Die behavioralen Lerntheorien haben eine lange wissenschaftshistorische Tradition, die z. T. bis in das späte 19. Jahrhundert zurückreicht, und umfassen insbesondere die folgenden drei klassischen Konzepte:

• **Theorie des respondenten Lernens (Klassische Konditionierung)**

Die Theorie des respondenten Lernens geht auf Ivan Petrovič Pavlov (1849–1936) und dessen berühmte Hundeexperimente aus den 1890er Jahren zurück. Pavlov zeigt, dass aufgrund angeborener Reflexe bestimmte nicht-gelernte Reaktionen (= unkonditionierte Reaktion: UCR) durch nicht-gelernten Stimuli (= unkonditionierter Stimulus: UCS) ausgelöst werden. *Beispiel: eine Mücke fliegt einem Spaziergänger ins Auge (UCS) und löst dadurch bei dem Mann sofort den Lidschlussreflex (UCR) aus.*

Eine sogenannte *klassische Konditionierung* ist ein Lernprozess der entsteht, wenn ein unkonditionierter Stimulus (UCS), der natürlicherweise eine unkonditionierte Reaktion auslöst, mit einem bis dahin neutralen Stimulus (NS) mehrmals zeitgleich gekoppelt wird: in der Folge kann der neutrale Stimulus nun alleine eine unkonditionierte Reaktion auslösen – dies wäre dann eine konditionierte Reaktion (CR) und der vormals neutrale Stimulus würde zu einem konditionierten Stimulus (CS). (Lefrancois, 2006, S. 42 ff.; Schermer, 2006, S 25 ff.)

Beispiel: Eine Person hört ein bis dahin unbekanntes Musikstück (NS) während einer sexuell stark erregenden Situation (UCS), die angenehme Gefühle und Körperreaktionen (USR) hervorruft. Als diese Person nach einigen Tagen zufällig im Radio dieses Musikstück hört (CS), empfindet sie ggf. die gleichen starken Gefühle und Körperreaktionen wie damals (CR) obwohl sie sich in einer ganz anderen Situation befindet, z.B. alleine beim Autofahren oder beim Einkaufen im Supermarkt. Der vormals neutrale Stimulus löst nun eine klassisch konditionierte Reaktion aus. (vgl. Fliegel, 1994, S. 9 f.)

● **Theorie des operanten Lernens (Operante Konditionierung)**

Die Theorie des operanten Lernens geht auf Burrhus Frederic Skinners (1904–1990) Arbeiten aus den späten 1930er Jahren zurück. Skinner bezieht sich auf die Studien von Pavlov und Edward Lee Thorndike (1874–1949), dessen Modell des instrumentellen Lernens aus den 1890er Jahren ein Vorläufer der operanten Lerntheorie ist. Nach dem Prinzip der operanten Konditionierung lernen Menschen durch die Bedingungen, welche auf das von ihnen zuvor gezeigte Verhalten in einer bestimmten Situation folgen. Die Konsequenzen auf ein Verhalten erfolgen in der Regel aus der sozialen und materiellen Lebensumwelt. Im Prozess des operanten Lernens zeigt sich für die Person, in welchen Situationen welches Verhalten wahrscheinlich belohnt oder wahrscheinlich bestraft werden wird. Wenn ein Verhalten für eine Person positive Folgen hat, wird dieses sehr wahrscheinlich in Zukunft wiederholt (Verhaltensaufbau); wenn ein Verhalten negative Folgen hat, wird dieses in Zukunft sehr wahrscheinlich reduziert (Verhaltensabbau). Bestimmte situative Bedingungen werden somit zu zukünftigen Auslösern eines bestimmten Verhaltens.

Schlüsselbegriffe der operanten Lerntheorie sind *Verstärkung* bzw. *Verstärker.* Ein erfolgreiches Verhalten im Sinne des operanten Lernens ist, wenn auf ein gezeigtes Verhalten entweder (1) eine direkte Belohnung erfolgt – dies ist eine sogenannte positive Verstärkung; (2) wenn eine unangenehme Bedingung beendet wird – dies ist eine indirekte Belohnung oder eine sogenannte negative Verstärkung. Die Verstärker können völlig unterschiedlicher Natur sein. Einerseits gibt es die Gruppe der *primären Verstärker,* die für alle Menschen Gültigkeit haben, weil sie zur Stillung von angeborenen bzw. biologisch verankerten Bedürfnissen (z. B. Hunger, Durst, Schlafbedürfnis, Sexualtrieb, Bewegungsdrang, Schmerzempfinden) dienen. Andererseits gibt es die Gruppe der *sekundären Verstärker,* die erst auf dem individuellen Lebensweg erlernt werden und dadurch für jeden Menschen eine unterschiedliche Gültigkeit und Bedeutung (im Sinne von Vorlieben und Abneigungen) haben. Die sekundären Verstärker werden untergliedert in: 1) Soziale Verstärker – z. B. Lobende Worte, Schulterklopfen, Umarmung, Anerkennung, Respekt, Zuwendung; 2) Aktivitätsbezogene Verstärker – z. B. Tanzen, Schwimmen, Spielen, Malen, Musik hören, ins Kino gehen; Küssen; 3) Materielle Verstärker – z. B. ein Spielzeug, ein Buch, ein Sportgerät, ein Schmuckstück, ein Kleidungsstück; 4) Generalisierte Eintausch-Verstärker – z. B. Geld, Gutscheine, Token; 5) Informative Verstärker (direkte individuelle Mitteilungen von aktueller Relevanz) – z. B. die Mitteilung über das Ergebnis einer schriftlichen Prüfung (Lefrancois, 2006, S. 87 ff.; Schermer, 2006, S 46 ff.; Schermer, 2011, S. 130; Borg-Laufs, 2020, S. 11 ff.)

Beispiel zur Positiven Verstärkung mit Verhaltensaufbau: Ein gesunder, normal ent-
wickelter vierjähriger Junge befindet sich mit seiner Mutter zum Einkauf in einem
Supermarkt. In der Süßwarenabteilung sieht einen Lutscher und will ihn haben. Nachdem sein Bitten, Betteln und Weinen von seiner Mutter (30 Jahre, körperlich gesund,
voll berufstätige Bankkauffrau) mehrmals ignoriert wurde wirft er sich auf den Boden
und beginnt zu schreien und zu strampeln. Daraufhin erhält er von der Mutter den Lutscher. Beim nächsten gemeinsamen Supermarkbesuch wirft sich der Junge in der Süßwarenabteilung wieder auf den Boden, beginnt zu strampeln und schreit „Lutscher!
Lutscher!" (vgl. Fliegel, 1986, S. 31)

Beispiel zur Negativen Verstärkung mit Verhaltensaufbau: Eine 50-jährige gesunde
Frau wacht nachts um 3.00 Uhr aus ihrem Schlaf auf und bemerkt, dass sie starke
Kopfschmerzen hat. Sie fühlt sich frustriert und denkt „so kann ich nicht wieder ein-
schlafen, ich nehme eine Tablette". Sie steht auf, geht zu ihrem Medikamentenschrank
und nimmt eine 800 mg–Tablette eines handelsüblichen Schmerzmittels ein. Nach
5 Minuten lässt der Schmerz nach und die Frau schläft wieder ein. Sie nimmt sich
am nächsten Morgen vor, in Zukunft bei Kopfschmerzen sofort wieder Schmerzmittel
einzunehmen.

Im Modell des operanten Lernens ist die Dauer des zeitlichen Abstands zwischen
dem gezeigten Verhalten und den nachfolgenden Konsequenzen von erheblicher
Bedeutung. Denn kurzfristige Konsequenzen beeinflussen das Verhalten sehr viel
stärker als langfristige Konsequenzen, auch dann wenn die langfristigen Folgen
wesentlich gravierendere Auswirkungen haben können als die kurzfristigen.

Beispiel: Ein nikotinabhängiger erwachsener Mensch, der schon seit mehreren Jahren
jeden Tag ca. 20 Zigaretten raucht, weiß zwar, dass er damit langfristig seine Lunge
schädigt und seine Gesundheit gefährdet. Er raucht aber trotzdem weiter um dadurch
kurzfristig seinen Suchtdruck zu reduzieren und sich entspannen zu können.

Dementsprechend wirkt das operante Lernen der indirekten Bestrafung i. d. R.
mit dem zeitnahen Entzug von Verstärkern. Hierdurch erfolgt eine Reduk-
tion der Auftretenswahrscheinlichkeit eines (unangemessenen, problematischen)
Verhaltens.

Beispiel: Während eines Fußballspiels in der Regionalliga begeht ein Abwehrspie-
ler mehrere Fouls gegen Angriffsspieler des gegnerischen Teams. Auch nachdem der
Schiedsrichter ihn bereits mündlich ermahnt und auch schon die gelbe Karte gezeigt
hat, foult der Spieler weiterhin seine Gegner. Daraufhin zeigt der Schiedsrichter dem
Spieler die rote Karte und er wird von der weiteren Teilnahme am Spiel ausgeschlos-
sen. Der Spieler erhält also ein Time Out von einer Aktivität, die er gerne fortgeführt
hätte.

● **Die sozial-kognitive Lerntheorie (Modellernen)**

Die sozial-kognitive Lerntheorie wurde von Albert Bandura (*1925) in den 1960er Jahren entwickelt. Die sozial-kognitive Theorie übernimmt die Sichtweise des operanten Lernens bzgl. der Wirkungen von Belohnung oder Bestrafung auf Verhaltensaufbau oder Verhaltensabbau, erweitert diese jedoch um die Dimension der Beobachtung. Bandura zeigt, dass Menschen auch alleine durch die bloße Beobachtung von Handlungen anderer Personen in bestimmten Situationen lernen können und deren Verhalten – wenn dieses erfolgreiche Konsequenzen hat – in ihr eigenes Repertoire übernehmen können. Das bedeutet, das ein Lernprozess nicht nur durch eigene Erfahrung entstehen kann, sondern durch die Rezeption der Erfahrung von anderen Personen (Modellen). Inwieweit es zur Verhaltensübernahme oder Verhaltensvermeidung kommt, hängt jedoch von zahlreichen Einflussfaktoren ab: Stellen die Konsequenzen, die das Modell für sein Verhalten erfährt, eine Belohnung oder eine Bestrafung dar? Sind die Beobachtenden überhaupt motorisch und kognitiv in der Lage, das Verhalten des Modells zu reproduzieren? Welche soziale Position hat ein Modell inne bzw. ist es beliebt oder unbeliebt? Welche emotionale Einstellung haben die Beobachtenden zum Modell? (Lefrancois, 2006, S. 309 ff.; Schermer, 2006, S. 82 ff.)

Beispiel: Ein Kind kann Ängste vor bestimmten Tieren z. B. durch Filme oder Märchen erwerben, ohne dass es mit diesen Tieren jemals direkten Kontakt gehabt hat. Es kann aber auch beobachten, wie ein anderes Kind unangenehme Erfahrungen mit einem Tier macht (z. B. es wird gebissen) und entwickelt dadurch selbst Ängste vor diesem Tier. (vgl. Fliegel, 1986, S. 37)

6.2 Verhaltensorientierte Diagnostik

Die Klientel der sozialen und pädagogischen Berufe zeigt häufig ein Handeln, das sich zwischen den Extremen eines Verhaltensdefizites bzw. Verhaltensexzesses bewegt. Ein Verhaltensdefizit bezeichnet ein eingeschränktes Repertoire an wünschenswerten Fähigkeiten, z. B. sozialen Kompetenzen, was bei Betroffenen zu Unsicherheit, Redeangst, Vermeidungsverhalten, Rückzug und Einsamkeit führen kann. Ein Verhaltensexzess hingegen bezeichnet ein problematisches Verhalten z. B. in Form von gewalttätigem Verhalten, rücksichtslosem Durchsetzungsverhalten oder impulsiv-riskanten Handlungen mit Selbst- und Fremdgefährdung. Sowohl bei Verhaltensdefiziten als auch bei Verhaltensexzessen handelt es sich um dysfunktionales Handeln, das zu erheblichen negativen Konsequenzen und

Leidensdruck für die Klientel und deren sozialen Umfeld führen kann (Bartmann, 2013, S. 30). Die o. g. Beispiele für Verhaltensdefizite oder -exzesse wurden von uns bewusst plakativ dargestellt um die Unterscheidung zwischen den beiden Formen zu verdeutlichen. Aber auch im beruflichen Alltag können sich bei Fachkräften sowohl Verhaltensdefizite als auch Verhaltensexzesse zeigen: z. B. wenn eine Fachkraft sich gegen die unangemessenen Wünsche und Bedrängungen eines Klienten nicht abgrenzen kann, nicht „Nein" sagen kann und stattdessen – wider besseres Wissens – nachgiebig ist; z. B. wenn eine Fachkraft ihre Arbeit im Amt möglichst perfekt erledigen will und noch nach Dienstschluss zu Hause an Akten, Protokollen, Dokumenten und Schriftverkehr bis zur Erschöpfung weiterarbeitet.

Insbesondere bei Bearbeitung von Fällen mit Verhaltensdefiziten oder Verhaltensexzessen stellen sich aus verhaltensorientierter Sicht eine Reihe von diagnostischen Fragen: Welche problematischen Verhaltensmuster verlangen eine Veränderung hinsichtlich ihrer Intensität, ihrer Dauer oder der Bedingungen, unter denen sie auftreten? Welches sind die Bedingungen, unter denen dieses Problemverhalten erworben wurde, und welche Faktoren halten es momentan aufrecht? Welches sind die praktikabelsten Mittel, um die erwünschten Veränderungen des Problemverhaltens zu erzielen? (Kanfer, 2012, S. 90). Kennzeichnend für die verhaltensorientierte Diagnostik ist die Gegenwartsorientierung: die Analyse und die Bewältigung der aktuellen Problemlagen eines*einer Klient*in sowie der Aufbau von künftigen Handlungsstrategien.

Das zentrale verhaltensdiagnostische Werkzeug ist das *SORKC-Modell* von Frederick Kanfer und George Saslow aus dem Jahr 1965, in dem sich die drei o. g. Lerntheorien widerspiegeln. Dieses klassische Modell wird auch *funktionale Verhaltensanalyse* genannt und dient zur Erklärung von (problematischen) Handlungen einer Person in bestimmten Situationen. Zu Beginn steht das „S" (= Stimulus), das die dem Verhalten vorausgehenden internen und/oder externem Bedingungen beschreibt; das „O" (= Organismus) umfasst die überdauernden Eigenschaften der betreffenden Person hinsichtlich ihres Geschlechts, Alters, körperlich-psychischen Gesundheitszustands, feste Gewohnheiten und Überzeugungen; das „R" steht für Verhalten der Person in Bezug auf den Stimulus und umfasst die Ebenen der motorischen (Körpersprache, Mimik, Bewegungen, Sprechen), des kognitiven (Gedanken, Bewertungen, Interpretationen), emotionalen (Gefühle) und physiologisch-körperlichen Reaktionen (z. B. erhöhter Pulsschlag, Schwitzen, Erröten, Zittern, Schmerzen); das „K" (= Kontingenz) beschreibt *wie* die nach dem Verhalten die Konsequenzen folgen: regelmäßig oder unregelmäßig, zeitlich unmittelbar oder verzögert, qualitativ adäquat oder inadäquat; am Ende steht C (= Konsequenzen) und stellt die dem Verhalten nachfolgenden Bedingungen dar: diese können eine verhaltensaufbauende positive oder negative

S	O	R	K	C
Stimulus	**Organismus-variablen**	**Verhalten**	**Kontingenz**	**Konsequenz/en**
S_e = Externer Stimulus (Umwelt)	Alter, Geschlecht, Erkrankungen, Behinderungen	Manifesta-tionsebenen:	Regelmäßig, unregelmäßig	C+ positive Verstärkung (direkte Belohnung)
S_i = Interner Stimulus (Selbst)	Erlernte Verhaltens-tendenzen, feste Gewohn-heiten, Über-zeugungen	R_{emot} = Emotionale Reaktion	zeitlich unmittelbar,	∅- negative Verstärkung (indirekte Belohnung)
		R_{kog} = Kognitive Reaktion	zeitlich verzögert,	∅+ Bestrafung durch Verstärkerentzug (indirekte Bestrafung)
		R_{mot} = Motorische Reaktion	qualitativ adäquat oder inadäquat	C- Bestrafung durch aversiven Reiz (direkte Bestrafung)
		R_{phys} = Physiologische Reaktion	qualitativ adäquat oder inadäquat	

Abb. 6.1 SORKC-Modell

Verstärkung (C+ oder ∅−) bzw. eine verhaltensabbauende direkte oder indirekte Bestrafung (C− oder ∅+) sein. (Bartmann , 2013, S. 47; Borg-Laufs, 2020, S. 3 ff.) (Abb. 6.1)

Beispiel zum SORKC-Modell
Ein körperlich gesunder 40-jähriger Mann hat eine Urlaubsreise nach Südafrika geplant. Er hat hierfür einen Flug von Frankfurt nach Johannesburg gebucht. Dies obwohl er in seiner Jugend viele Flugzeug-Katastrophen-Filmen gesehen hat und seit-dem an einer Flugangst leidet. Er ist zuvor noch nie in seinem Leben geflogen. Als der Mann am Abreisetag beim Einsteigen in das Flugzeug bereits mitten auf der Fluggast-treppe steht, empfindet er plötzlich große Angst und stellt sich vor, dass die Maschine abstürzten wird. Er verspürt Herzrasen, Schwindel, Zittern und Schwitzen. Er will nicht einsteigen, dreht er sich um, denkt „nur weg von hier" und läuft eilig fort vom Flugzeug in den Transitbereich. Dort fühlt er sich sicher, seine Angst vergeht langsam und er entspannt sich.

(Siehe Abb. 6.2)

S	O	R	K	C
Externer Stimulus: Mann befindet sich auf der Fluggast- treppe direkt vor dem Einstieg ins Flugzeug	Männlich, 40 Jahre alt, körperlich gesund, leidet an Flugangst	Emotional: Angst Physiologisch: Herzrasen, Schwindel, Zittern, Schwitzen Kognitiv: „nur weg von hier" Motorisch: Rennt weg vom Flugzeug in der Transitbereich	Zeitlich: unmittelbar Qualitativ: adäquat Regelhaftig- keit ist noch ungeklärt, weil diese Situation sowie das Fluchtver- halten zum ersten Mal aufgetreten sind	∅- negative Verstärkung: Angst reduziert sich und Entspannung setzt ein

Abb. 6.2 Darstellung Beispiel „Flugangst" als SORKC-Modell

6.3 Ethik in der verhaltensorientierten Supervision

In der Verhaltensorientierung nimmt die Auseinandersetzung mit berufsethi-schen Fragestellungen bereits seit Jahrzehnten einen breiten Raum ein. Sehr frühe Publikationen zur Professionsethik in der Verhaltensorientierung finden sich bei Frederic Kanfer, *Issues and Ethics in Behavior Manipulation* (1965) sowie Martin Shaw, *Ethical Implications of a Behavioural Approach* (1972). Aus verhaltensorientierter Perspektive hat das Thema Ethik in der fallbezoge-nen Supervision für Praktiker*innen der sozialen und pädagogischen Berufe eine besondere Bedeutung. Denn in der alltäglichen Berufspraxis erleben Fachkräfte häufig ethische Problemlagen z. B. durch sich widersprechende Mandate oder Loyalitätskonflikte. Sie stehen daher oft vor komplexen moralischen Entschei-dungsfindungen (Como-Zipfel et al., 2019, S. 23). Ethische Dilemmata müssen in der Supervision thematisiert werden, sobald sie einen erheblichen Einfluss auf die professionelle Handlungsfähigkeit ausüben. Daher sollten Supervisor*innen in der Lage sein, sich dieser speziellen Problematik in angemessener Form zu widmen. Neben dem Hauptziel eines Hilfeprozesses – also der Reduzierung der Problemlagen der Klientel – muss eine verhaltensorientierte Fallsupervision auch verschiedene ethische Perspektiven mit den Teilnehmenden diskutieren kön-nen sowie den Supervisand*innen die Möglichkeit zur Reflexion der ethischen

Dimensionen ihres professionellen Handelns bereitstellen. Als wichtigste ethische Orientierung bietet sich hier eine Auseinandersetzung mit den Menschenrechten, der Menschenwürde, der sozialen Gerechtigkeit und der sozialen Teilhabe an (Kaminsky, 2017, S. 164). Hinzu kommen weitere professionsspezifische Werte und Prinzipien:

- **Autonomie**

Die Ethik in der Verhaltensorientierung basiert auf einem optimistischen Menschenbild und geht davon aus, dass Personen prinzipiell in der Lage sind, ihr Verhalten zu ändern und sie nicht darauf festgelegt sind, Handlungsweisen und Gewohnheiten, die Schaden und Leid erzeugen, beizubehalten. Daraus folgt, dass problematisches Handeln *verlernt* und förderliches Handeln *erlernt* werden kann. Einschränkend ist darauf hinzuweisen, dass dies für die allermeisten Menschen gilt, jedoch auch Ausnahmen bestehen: z. B. im Fall von Menschen mit sehr schweren kognitiven Einschränkungen. Ein Hauptziel von verhaltensorientierten Interventionen ist, dass die Hilfesuchenden befähigt werden, ihr Leben soweit wie möglich selbst in die Hand nehmen zu können (Hilfe zur Selbsthilfe). Im Zentrum stehen also die Förderung der Eigenverantwortung und der Autonomie (Como-Zipfel, 2013, S. 29 f.) und letztlich die „Maximierung der persönlichen Freiheit" (Kanfer et al., 2012, S. 13) der Klientel. Das bedeutet für die Fachkräfte auch, einen „prinzipiellen Pluralismus der Werte, Anschauungen und Lebensstile" (a. a. O.) der Hilfesuchenden zu respektieren. Denn Klient*innen müssen für die Entwicklung ihrer individuellen Ziele immer ausreichend Raum haben – auch wenn sich diese Ziele im Verlauf des Hilfeprozesses verändern können und auch dann, wenn diese Ziele im Widerspruch zu den professionellen Vorstellungen der Fachkräfte stehen sollten. Denn jede Fachkraft hat sehr persönliche Ideen von einem guten Leben oder von Normalität, die für sie selbst möglicherweise auch gut passen und funktionieren; diese Ziele sind jedoch als Vorlage oder Modell für die Lebensentwürfe und den Alltag der Hilfesuchenden i. d. R. nicht übertragbar.

- **Lebenswelt und Ressourcen**

Die Klientel der sozialen und pädagogischen Berufe kommt häufig aus sozioökonomisch benachteiligten und bildungsfernen Bevölkerungsgruppen, ist verstärkten Exklusionsrisiken ausgesetzt und steht professionellen Hilfsangeboten bisweilen misstrauisch gegenüber („Hard-To-Reach-Klientel"). Insbesondere in unfreiwilligen Settings (z. B. Zwangskontexten) fehlt Klient*innen oftmals eine

Problemeinsicht und eine Veränderungsmotivation, sodass keine idealen Voraussetzungen für einen beginnenden Hilfeprozess vorhanden sind. Der Aufbau eines vertrauensvollen Arbeitsbündnisses zwischen dieser vulnerablen Klientel und den Fachkräften erfordert daher gegenseitige, Wertschätzung, Vertraulichkeit und Transparenz. Grundlegende ethische Voraussetzungen für eine verhaltensorientierte Intervention ist daher die gemeinsame Zielentwicklung zwischen Fachkraft und Klient*in sowie die freiwillige und informierte Zustimmung des*der Klient*in zur Durchführung der Maßnahme. Um diese Voraussetzungen zu erreichen ist es wichtig, dass Fachkräfte zwei professionelle Haltungen berücksichtigen: 1) die vorurteilsfreie Analyse der problemauslösenden und der problemaufrechterhaltenden Einflüsse aus der materiellen und sozialen Lebensumwelt einer Person; 2) die wertschätzende Analyse der aktuellen individuellen Fähigkeiten und Ressourcen einer Person. Zudem muss in verhaltensorientierter Interventionsplan individuell und nachvollziehbar gestaltet sein sowie sich unmittelbar auf die gegenwärtige Problemlage im Alltag einer hilfesuchenden Person beziehen. (vgl. Como-Zipfel & Löbmann, 2013, S. 143 f.)

- **Professionsspezifische Dilemmata**

In der Praxis der sozialen und pädagogischen Berufe stehen die Fachkräfte häufig widerstreitenden Loyalitäten bzw. sich einander ausschließenden Zielen gegenüber. Erstens fördern die Fachkräfte durch geeignete Hilfeleistungen die Selbstbestimmung und die individuellen Interessen ihrer Klientel; zweitens vertreten sie auch die Interessen des*der Kostenträger*in der sozialen Hilfeleistung, der das Gemeinwohl repräsentiert und der möglicherweise die zeitnahe Anpassung der Klientel an die gesellschaftlichen Anforderungen erwartet; drittens kommt zudem die eigene professionelle Perspektive der Fachkraft auf den Hilfeprozess hinzu, die wiederum von den anderen beiden Positionen abweichen kann. Wenn diese drei sich widersprechenden Interessen, innerhalb eines Hilfeprozesses auftreten, entsteht das Dilemma des sogenannten *Tripelmandats*. Es stellen sich den Fachkräften dann eine Reihe von Fragen: Welches Maß an Autonomie und eigenem Ermessensspielraum beinhaltet die eigene Berufsrolle? Wer ist der*die Auftraggeber*in und wie lautet die konkrete Aufgabenstellung? Wem ist die Fachkraft in seinem Handeln verpflichtet – der Klientel oder dem*der Kostenträger*in?

Martin Shaw nähert sich diesen berufsethischen Fragestellungen von Fachkräften aus verhaltensorientierter Sicht. Für Shaw liegt die professionelle Verantwortung für den Verlauf des Hilfeprozesses ausschließlich bei den Fachkräften. Diese

Verantwortung gilt gleichermaßen gegenüber der Klientel und dem*der Kostenträger*in. Letzteres bedeutet jedoch, dass die Fachkräfte gegenüber ihrer Klientel *immer* auch in einer Kontrollstellung stehen, selbst wenn diese Kontrolle nur sehr begrenzt und unvollständig ist (Shaw, 1977, S. 264 f.). Eine Aufgabe der Supervision wäre daher ggf., dass sich die Supervisand*innen ihrer Verantwortung und ihrer Kontrollaufgabe bewusst zu werden. Die Erkenntnis dieser Pflichten und deren Implikationen für die Berufspraxis kann für einzelne Fachkräfte ein schwer zu vollziehender Schritt sein – es dürfe jedoch nicht versucht werden, das Problem dadurch zu lösen, dass sein Vorhandensein geleugnet werde (Shaw, 1977, S. 265). Auch für Thomas Schumacher erfordern professionelle Loyalitäts- und Zielkonflikte in der Berufspraxis ein Höchstmaß an Verantwortlichkeit der Fachkräfte in der Entscheidungsfindung. Er schlägt hierzu zwei Handlungsorientierungen vor: 1) Verhalte dich in der Entscheidungssituation umsichtig und achte auf die Plausibilität der Argumente. Vermeide den Widerspruch! Entscheide dich für eine Option, deren zu erwartenden Folgen du verantworten kannst; 2) die Kraft der Argumente ist aus dem beruflichen Fachwissen zu ziehen. Zu erwartende Folgen also müssen nicht persönlich, sondern durch die Profession verantwortbar sein (Deutscher Berufsverband für Soziale Arbeit, 2014, S. 39). Letztlich ist festzustellen, dass die ethischen Konflikte des Trippelmandats bei Fachkräften zu schwerwiegenden Entscheidungsproblemen und zu Belastungen führen können.

- **Wirksamkeit**

Aus verhaltensorientierter Sicht ist es eine berufsethische Pflicht, dass die Fachkräfte der sozialen und pädagogischen Berufe innerhalb eines Hilfeprozesses i. d. R. nur Methoden anwenden, deren Wirksamkeit durch empirische Befunde nachgewiesen ist. Die Begriffe *Nützlichkeit* und *Effektivität* erhalten in dieser Sichtweise eine bedeutende moralische Implikation, denn sie stehen im Dienste der hilfesuchenden Klientel und versprechen prognostisch eine gute Möglichkeit, die Problemlagen der Hilfesuchenden zu reduzieren. Der Messbarkeit der Wirksamkeit der eingesetzten Methoden kommt in diesem Zusammenhang eine hohe Bedeutung zu. Denn während des gesamten verhaltensorientierten Hilfeprozesses wird der Fallverlauf kontinuierlich evaluiert um zu prüfen, ob die eingeschlagene Interventionsstrategie zur Erreichung der vereinbarten Ziele und Zwischenziele in ausreichendem Maße beiträgt. Die kontinuierliche Wirksamkeitsüberprüfung ist jedoch nicht nur fallbezogen begründet, sondern ist auch das Merkmal eines selbstevaluativen Qualitätsmanagements, das zur generellen Verbesserung der Berufspraxis einer Fachkraft beitragen kann.

Im Kontext des Nachweises der messbaren Wirksamkeit der angewendeten Methoden sind zwei weitere ethische Aspekte von Bedeutung: 1) das „Prinzip der minimalen Intervention" (Kanfer et al., 2012, S. 14), wonach nur die geringstmöglichen Mittel eingesetzt werden sollten, um die Problemlage der Klientel ausreichend zu reduzieren und deren Selbstwirksamkeit zu realisieren; 2) die Vermeidung bzw. die Minimierung möglicher unerwünschter Nebeneffekte und Gefährdungen, die durch die im Hilfeprozess eingesetzten Methoden entstehen könnten. Ein Thema der verhaltensorientierten Supervision ist daher auch, dass die Fachkräfte bzgl. der aktuellen Forschungsergebnisse und Entwicklungen in ihrer Profession auf dem Laufenden bleiben sowie die angewandten Techniken immer wieder zu prüfen. Dem Bereich der Fort- und Weiterbildung fällt dabei eine entscheidende Rolle zu. (Shaw, 1977, S. 265; Como-Zipfel, 2013, S. 31).

6.4 Kompetenzen der Supervisand*innen

Die Durchführung einer Supervision ist der interaktive Prozess einer Kommunikationsgemeinschaft von allen beteiligten Akteur*innen. Bei diesem komplexen Wechselspiel ist der alleinige Blick auf die Sicherstellung der Kompetenzen des*der Supervisor*in nicht ausreichend. Denn um einen gelingenden Prozess zu generieren, sind die Kompetenzen der Supervisand*innen ebenso wichtig. Im Allgemeinen sollten die teilnehmenden Supervisand*innen die notwendigen Grundvoraussetzungen für eine adäquate Ausübung von sozialen und pädagogischen Berufen haben, also über ein abgeschlossenes Studium (Fachkompetenz) und über eine solide Einarbeitung in ihr aktuelles Arbeitsgebiet (Feldkompetenz) verfügen. Ideal wäre darüber hinaus die Teilnahme an internen und externen Weiterbildungen, regelmäßiger kollegialer fachlicher Austausch sowie professionelle Vernetzungen. All dies sind wichtige Aspekte einer qualitätssichernden Infrastruktur in einer Institution. In diesem Sinne wäre Supervision also eingebettet in einen Kontext anderer institutioneller Maßnahmen, der für ein selbstverantwortliches professionelles Handeln der Fachkräfte förderlich ist (Schmelzer, 2013, S. 229).

Im Kontext einer Ausbildungs-Supervision für angehende Psychotherapeut*innen (VT) können Supervisor*innen davon ausgehen, dass die Teilnehmenden bereits verhaltensorientierte Kenntnisse in ihrer Weiterbildung erworben haben. Im Kontext der Supervision für Fachkräfte der sozialen und pädagogischen Berufe ist dies zumeist nicht der Fall. Das ist möglicherweise der gravierendste Unterschied zwischen der verhaltenstherapeutischen Psychotherapie-Supervision und der verhaltensorientierten Supervision für Praktiker*innen in sozialen und pädagogischen Berufen. Denn einerseits ist festzustellen, dass die Psychotherapie-Supervision i. d. R. eine homogene Zielgruppe hat, die sich z. T. noch in der Ausbildung befindet, im klinischen Bereich tätig ist und bereits über verhaltenstherapeutisches Wissen verfügt; die dort tätigen Supervisor*innen haben eine verhaltenstherapeutische Approbation, eine langjährige klinische Berufspraxis und ggf. ist die Supervision selbst eingebettet in das Curriculum des*der Ausbildungsträger*in. Andererseits sind in der verhaltensorientierten Supervision für soziale und pädagogische Berufe die Zielgruppen i. d. R. äußerst heterogen, gehören unterschiedlichen Berufen an (z. B. Erziehungswesen, Heilerziehungspflege, Sonderpädagogik, Soziale Arbeit, Erziehungswissenschaft), sind in unterschiedlichen Arbeitsbereichen tätig (z. B. Altenarbeit, Behindertenarbeit, Kinder- und Jugendarbeit, Migrationshilfen, Gesundheitswesen, Betriebliche Sozialarbeit) und haben oft nur ein geringes verhaltensorientiertes Wissen. Zudem haben auch die dort tätigen Supervisor*innen unterschiedlichste Abschlüsse und Berufserfahrungen.

Bei den spezifisch verhaltensorientierten Inhalten einer Supervision für soziale und pädagogische Berufsgruppen sollte daher in den ersten Treffen das diesbezügliche Vorwissen der teilnehmenden Supervisand*innen festgestellt und bewertet werden. Dieses Vorwissen resultiert aus den individuellen fachlichen Interessen, der Ausbildung und der berufsgeschichtlichen Entwicklung einer jeweiligen Fachkraft und kann daher sehr unterschiedlich sein. Wenn für den*die Supervisor*in offensichtlich ist, dass bei den Teilnehmer*innen spezifische Wissenslücken, Missverständnisse und mangelnde Erfahrungen bzgl. verhaltensorientierter Methoden bestehen, dann ist das Ziel, ein gemeinsames Fallverständnis, einen gemeinsamen Beurteilungsmaßstab und eine gemeinsame Handlungsstrategie zu entwickeln, ggf. gefährdet. In dieser Situation stehen den Supervisor*innen zwei Strategien zur Verfügung. Zum einen ist es möglich, direkt auf den aktuell besprochenen Fall einzugehen und diesen exemplarisch sehr detailliert und ausführlich unter der Perspektive verhaltensorientierter Theorien, Modelle, Methoden und Termini darzustellen und zu diskutieren (Lernen am Beispiel); zum andern ist es möglich, dass die Supervision partiell der reinen Wissensvermittlung dient und z. B. die Form von „Teaching" (Lieb, 2005, S. 251) annehmen kann. Welcher der beiden Strategien in angemessener Form gefolgt werden kann, muss zwischen den Supervisor*Innen und den Teilnehmenden vereinbart werden. Insbesondere das Teaching sollte nur vereinzelt und in Absprache oder auf Wunsch der Supervisand*innen angewendet werden, da eine reine Wissensvermittlung letztlich sehr weit von einem diskursiven Supervisionsverständnis entfernt ist. Doch auch wenn das Unterrichten prinzipiell nicht zu den Kernaufgaben von Supervision gehört, ist darauf hinzuweisen, dass Supervision auch die Aufgabe hat, die Wissenskompetenzen der Supervisand*innen zu erweitern (im Sinne der edukativen Supervision). Bei einer verhaltensorientierten Supervision, die sich auf die Bearbeitung von Fällen aus der Praxis konzentriert, wäre daher z. B. der Aufbau von Wissen in der Verhaltensdiagnostik (siehe Abschn. 6.2) ein wichtiges Ziel. Insofern ist es denkbar, dass zumindest ganz am Anfang einer verhaltensorientierten Supervision für soziale und pädagogische Berufe immer geprüft werden sollte, ob bei den Teilnehmenden grundlegendes Wissen über diese Methode vorhanden ist oder ob dieses zuerst in geeigneter Form vermittelt werden müsste. Diese *Vorverhandlung* sollte in den ersten Supervisionstreffen erfolgen und wäre somit auch ein wichtiger früher Prüfstein für die methodenbezogene Passung bzw. Kooperation zwischen Supervisor*in und den Supervisand*innen.

LEITFADEN: Verhaltensorientierte Supervision für soziale und pädagogische Berufe

7

Das Ziel professionellen Handelns von Fachkräften der sozialen und pädagogischen Berufe ist die Reduzierung von individuellen und sozialen Problemlagen sowie die Verbesserung der Lebensqualität ihrer Klientel durch gezielte Förderung und Hilfestellung. Zudem sollen die Hilfesuchenden dabei unterstützt werden, ihre positiven Entwicklungsziele (z. B. schulisch, beruflich, familiär, zwischenmenschlich) erreichen zu können. Dabei geben Fachkräfte Impulse für eine Hilfe zur Selbsthilfe und zur Selbstkontrolle ihrer Klientel: wie können sie unerwünschtes Problemverhalten reduzieren und wie erwünschtes Zielverhalten aufbauen um somit ihren Lebensalltag so positiv wie möglich zu gestalten? In der fallbezogenen Supervision ist es daher zentral, das bisherige funktionale und dysfunktionale Verhalten der jeweiligen Klientel detailliert zu thematisieren. In Anlehnung an Tharp und Wetzel (1975, S. 208) und an Galuske (2013, S. 167 f.) ist unser Supervisionskonzept eine indirekt-interventionsbezogene Methode, wobei die Aufgabe der Supervision ist, im ersten Schritt das professionelle Handeln der Fachkraft zu verändern um im zweiten Schritt das Verhalten der Klientel zu modifizieren. Unser Konzept legt daher den Fokus auf die Supervisand*innen und deren bisherigen fallbezogenen Handlungen sowie auf die Bedingungen, die diese Handlungen auslösen und auf die bisherigen Konsequenzen, die auf diese Handlungen folgen. Denn letztlich stehen ausschließlich die Fachkräfte im direkten Kontakt mit der jeweiligen Klientel und können unmittelbar mit den Hilfesuchenden sprechen, planen, Ziele vereinbaren und Verträge schließen. Unser Supervisionskonzept erweitert jedoch den Rahmen der reinen Fachkraft-Klient*in-Interaktion, denn die Fachkräfte sind während ihres Berufsalltags eingebettet in ein komplexes Feld von verschiedenen internen und externen Faktoren (Stimuli) und Wirkmechanismen, die in ihrem Gesamtzusammenhang als Ausgangsbedingungen das professionelle Handeln beeinflussen (siehe Abb. 7.1). Die Fachkräfte in sozialen und pädagogischen Berufen benö-

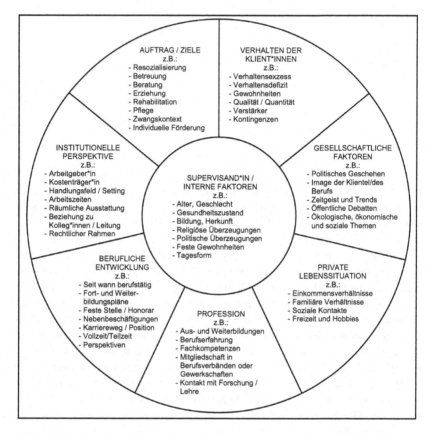

Abb. 7.1 Exemplarische interne & externe arbeitsbezogene Einflussfaktoren

tigen in ihrer Praxis stets ausreichende Ressourcen und Ausstattungen, um ihre Arbeit langfristig gut bewältigen zu können. Daher kann es auch eine Aufgabe der Supervision sein, die realisierbaren und berechtigten arbeitsplatzbezogenen Bedürfnisse von Fachkräften zu diskutieren und festzustellen. Letztlich können jedoch nur die Fachkräfte selbst vor Ort in Abstimmung mit der Leitung des Unternehmens dafür sorgen, dass sie die zeitlichen, räumlichen, personellen und finanziellen Mittel erhalten, die sie benötigen um ihre fallbezogenen Dienstleistung angemessen zu realisieren.

Bei der Betrachtung dieser Beispiele fällt auf, dass es zwischen manchen Bereichen zu Überschneidungen und Wechselwirkungen kommt. So ist z. B. die Meinung von Freund*innen und Verwandten auch abhängig von gesellschaftlichen oder politischen Diskursen in der Öffentlichkeit. Die Unternehmenskultur und Leitung einer Organisation richtet sich oft nach neuen Trends und Innovationen in ihrem Handlungsfeld (z. B. Digitalisierung) aus – oder sie entscheidet sich bewusst dagegen. Die o.g. Bereiche können also nicht isoliert voneinander betrachtet werden, sondern sollen vielmehr eine Orientierung in dem weiten Feld verschiedener externer Stimuli bieten, die mehr oder weniger die professionellen Handlungen der Fachkräfte beeinflussen. Dabei ergeben sich in der Praxis häufig Spannungsfelder aus der Kombination verschiedener Voraussetzungen und Verpflichtungen. Z. B.: eine Fachkraft ist bestrebt, sich beruflich weiterzuentwickeln, die Geschäftsführung möchte jedoch keine Fortbildung unterstützen; eine Fachkraft hat aufgrund ihrer Arbeitszeiten Schwierigkeiten, die häusliche Pflege eines*einer Angehörigen durchzuführen; eine Fachkraft arbeitet nach dem Mantra „alles muss immer perfekt sein" und lässt sich viel Zeit für ihre Fallbearbeitung, womit sie bei Klient*innen und Kolleg*innen aneckt, jedoch von der Leitung sehr geschätzt wird; eine Fachkraft wird Mutter und besteht auf den bereits geplanten Karriereschritt, die Leitungsebene vertröstet jedoch und weist darauf hin, dass sie sich jetzt erst einmal um ihr Kind kümmern muss und erst wieder in einem Jahr über eine Beförderung gesprochen werden soll; eine Fachkraft wird immer wieder von einem*einer Klient*in mit Borderline-Persönlichkeitsstörung in lange und emotional belastende Gespräche verwickelt, das Team reagiert darauf mit dem Verweis, dass die Fachkraft sich stärker abgrenzen müsste. Wie die o. g. Beispiele verdeutlichen, können sich bereits bei der Erörterung der externen Stimuli bzw. der Ausgangslage die zentralen Bedingungen für die Gesamtproblematik einer Fachkraft in ihrem Arbeitsalltag offenbaren und zu einer konkreten Lösungssuche einladen. Insgesamt wird durch die Analyse der Ausgangslage das Bild rund um die Problematik für alle Beteiligten transparenter. Insofern erscheint es sinnvoll, an dieser Stelle die ursprüngliche fallbezogene Fragestellung des*der Supervisand*in erneut zu prüfen und gegebenenfalls anzupassen, bevor im nächsten Schritt mit der Analyse des konkreten Arbeitsverhaltens begonnen wird.

7.1   Struktur und exemplarischer Ablauf einer Supervisionssitzung

Die grundlegende Struktur unseres Leitfadens für eine verhaltensorientierte Supervision für soziale und pädagogische Berufe nimmt grundlegende Positionen aus den Arbeiten von Schmelzer (1997, 2013), Lieb (2005, 2016), Zarbock (2010, 2016) Schubert (2018) sowie Müller (2006) auf. Der Leitfaden dient vor allem der fallgezogenen Supervision und ist sowohl in der Einzelsupervision, als auch in der Gruppensupervision einsetzbar. Bei einem Gruppensetting kann es sich um eine Family Group oder eine Stranger Group handeln und die genaue Anzahl der Teilnehmenden kann variieren. Der Leitfaden gliedert die Struktur einer Supervisionssitzung die folgenden drei Abschnitte:

I. Abschnitt: Vorbereitung und Startphase
- *Ankommen und Blitzlicht*
- *Rückblick auf die letzte Sitzung & Besprechung der Hausaufgaben*
- *Themensammlung und -auswahl*

II. Abschnitt: Zentrale Arbeitsphase
- *Schritt A: Darstellung der Ausgangsbedingungen, des Falls und Formulierung der konkreten Fragestellung*
- *Schritt B: Verhaltensorientierte Diskussion der Handlungen des*derSupervisand*in*
- *Schritt C: Verhaltensorientierte Diskussion der Konsequenzen der Handlungen des*der Supervisand*in*
- *Schritt D: Erarbeitung von Handlungsvorschlägen und Vergabe von Hausaufgaben*

III. Abschnitt: Abschluss
- *Klärung noch offener Fragen*
- *Feedback und Verabschiedung*

Im Folgenden stellen wir den Ablauf einer Sitzung exemplarisch dar. Wir gehen dabei von einer bereits *laufenden Supervision* aus, also von einer festen Gruppe von Fachkräften, die Einander bereits kennen und die sich seit einem gewissen Zeitraum regelmäßig treffen. Wir gehen in unserem exemplarischen Ablauf zudem davon aus, dass die Sitzung von einem*einer externen Supervisior*in durchführt wird.

7.1.1   I. Vorbereitung und Startphase

* **Ankommen und Blitzlicht**

Zu Beginn einer Supervision steht die Moderation des*der Supervisor*in bzgl. des Ankommens der Teilnehmenden und deren Übergang vom Alltag in die Sitzung. Noch bevor die Sitzung *offiziell* begonnen hat, kann der*die Supervisor*in durch Smalltalk das Ankommen der Teilnehmenden gezielt unterstützen, wobei sich schon an dieser Stelle ein erstes Stimmungsbild andeuten kann. Dieses erste Stimmungsbild ist eine Information für den*die Supervisor*in und kann für den weiteren Verlauf der Sitzung durchaus relevant sein, z. B. im Hinblick situative Belastungen von Teilnehmenden oder auf deren Fähigkeit und Bereitschaft zur aktiven Mitarbeit: Wie starten die Supervisand*innen in die Stunde? Hatten sie einen harten Tag mit viel Büroarbeit? Steht im Anschluss an die Supervision noch ein schwieriges Gespräch mit Vorgesetzten an? Kommt ein*eine Teilnehmer*in gerade erholt aus dem Urlaub oder übermüdet aus der Nachtbereitschaft? Das Wahrnehmen und das adäquate Reagieren auf solche stimmungsbezogenen Einflüsse ist ein wichtiger Teil der Beratungskompetenz von Supervisor*innen, denn die professionelle Moderation des Ankommens durch den*die Supervisor*in ist aus verhaltensorientierter Sicht wichtig, weil eine Supervisionssitzung für die Teilnehmenden eine spezifische Anforderung (kommunikativ, sozial, leistungsbezogen) darstellt. Die Handlungen ders*der Supervisor*in beeinflussen unmittelbar das Verhalten der ankommenden Teilnehmenden auf kognitiver, emotionaler und motorischer Ebene. Dadurch gestaltet der*die Supervisor*in ggf. günstige oder ungünstige Voraussetzungen für den Ablauf der folgenden Sitzung und sorgt für einen Rahmen in dem ggf. Vertrauen oder Misstrauen herrscht.

Nachdem alle Anwesenden Platz genommen haben, beginnt die Supervision mit einem Statement („Blitzlicht") aller Teilnehmenden und markiert den *offiziellen* Startpunkt der Sitzung. Bei diesem Blitzlicht geben die Supervisand*innen sowie der*die Supervisor*in reihum eine kurze Rückmeldung über ihre aktuelle Befindlichkeit sowie über kleine berufliche oder private Ereignisse (z. B. Übernahme eines neuen Verantwortungsbereichs im Unternehmen, Rückkehr aus dem Sommerurlaub) wodurch für die Gruppe ein transparentes Stimmungsbild entsteht (Baumann & Gordolla, 2020, S. 104 ff.). Bei der Moderation ist zu beachten, dass der „Blitzcharakter" bestehen bleibt, also die Redezeiten der Einzelnen nicht zu viel Raum einnehmen.

- **Rückblick auf die letzte Sitzung & Besprechung der Hausaufgaben**

Das Anknüpfen an die letzte Sitzung stellt den inhaltlichen Einstieg in die Supervisionsstunde dar. Während dieses kurzen Rückblicks auf zuvor behandelte Themen, können die Teilnehmenden z. B. Rückmeldung geben über zwischenzeitliche Veränderungen, Entwicklungen oder besondere Vorkommnisse. Im Anschluss daran wird auf ein breit rezipiertes verhaltensorientiertes Tool zurückgegriffen, das regelmäßig in der Arbeit mit Klient*innen bzw. Patent*innen eingesetzt wird: die Besprechung der Hausaufgaben aus der letzten Sitzung (Schmelzer, 1997, S. 378; Fehm & Fehm-Wolfsdorf, 2018, S. 609). Die Vergabe von Hausaufgaben in der Supervision soll verschiedene Funktionen erfüllen: 1) sie ist handlungsorientiert, denn sie ermutigt die Fachkraft, die in der Supervision erarbeiteten Lösungen und Handlungsvorschläge in der Praxis zu erproben und zu evaluieren; 2) sie ermöglicht einen Transfer und eine Ausdehnung des supervisorischen Settings in den Berufsalltag; 3) sie dient für die Fachkraft zur Entwicklung von professioneller Selbstkontrolle und Selbstwirksamkeit. Hausaufgaben stellen also das Instrument dar, anhand dessen besprochene Inhalte in der Praxis tatsächlich umgesetzt, gefestigt und ggf. auch evaluiert werden können. Der dadurch stattfindende eigenständige Kompetenzerwerb kann die Supervisand*innen auch in künftigen Situationen befähigen und ihre Selbstwirksamkeit als Fachkräfte stärken. Nicht zuletzt verleiht dieses Vorgehen der grundsätzlichen Haltung Ausdruck, dass die Supervisand*innen ein hohes Maß an Eigenverantwortung für die Veränderung ihres beruflichen Handelns in der Fallarbeit tragen, wohingegen der*die Supervisor*in die Verantwortung für den Prozess der Supervision übernimmt (Schmelzer, 2013, S. 231). Indem die Hausaufgaben (insbesondere deren Umsetzung und Auswirkungen in der Praxis) während der Supervision besprochen werden, erhält die Fachkraft Feedback (z. B. Lob, Tipps, Verbesserungshinweise) durch den*die Supervisor*in (ggf. auch durch die Gruppe) und kann neue Fragen und Erfahrungen, die sich in der Zwischenzeit entwickelt haben, diskutieren.

- **Themensammlung und -auswahl**

In diesem Schritt wird gemeinsam mit den Teilnehmenden vereinbart, welche Fälle/Themen von wem vorgestellt werden. Dabei besteht auch die Möglichkeit, auf Themen zurückzugreifen, die bei der Besprechung der Hausaufgaben hervorgetreten sind. Je nach Gestaltung der Supervision können neben den fallbezogenen Themen ggf. auch organisatorische oder zwischenmenschliche

Zum Fall XY haben wir jetzt die Hausaufgabe besprochen und schon erste Erkenntnisse daraus ziehen können. Ich schlage vor, wir beginnen heute damit, Aspekt NN in diesem Fall genauer zu betrachten.

Haben sich seit der letzten Sitzung in dem Fall XY neue Themen ergeben, die Sie heute gerne besprechen möchten?

Das Thema, dass Sie gerade genannt haben, scheint für Sie dringend zu sein. Sollten wir es daher vorrangig behandeln?

In diesem Fall steht eine offensichtlich zeitnahe Entscheidung an. Wir sollten uns daher heute als erstes dieser Angelegenheit zuwenden.

Jetzt haben wir einige Themenvorschläge gesammelt. Die werden wir heute nicht alle diskutieren können. Welche der Themen sollten wir unbedingt noch heute besprechen?

Dieses Thema scheint mir wichtig, jedoch auch sehr umfangreich zu sein. Um diesem Thema ausreichend Zeit zu geben, schlage ich vor, heute zuerst den Fall XY abzuschließen und uns dann Ihrem Thema in der nächsten Sitzung ausführlich zu widmen.

Abb. 7.2 Exemplarische Sondierungsfragen zur Themenauswahl

Fragestellungen eingebracht werden, die mittelbar mit der Fallarbeit zusammen-hängen (Lieb, 2016, S. 9; Schmelzer, 1997, S. 379). Wir schlagen an dieser Stelle vor, dass der*die Supervisor*in mehrere angemessene Sondierungsfragen stellt, um somit eine sachliche Begründung für die Themenauswahl dieser Sitzung zu ermöglichen (siehe Abb. 7.2). Es liegt letztlich in der Verantwortung des*der Supervisor*in, die vorgeschlagenen Themen gemeinsam mit den Teilnehmenden einvernehmlich zu priorisieren und eine dem zeitlichen Rahmen entsprechende Reihenfolge der Falldiskussionen zu planen (Zarbock, 2016, S. 141).

7.1.2 II. Abschnitt: Zentrale Arbeitsphase

Entsprechend der im I. Abschnitt gemeinsam erarbeiteten Themenauswahl wird nun mit der Supervision der ersten Fallbearbeitung begonnen. Diese stellt die zentrale Arbeitsphase dar und erfolgt in vier Schritten (A bis D). Die Logik dieses schrittweise Vorgehen orientiert sich an der Verhaltensanalyse nach dem SORKC-Modell (siehe hierzu Abschn. 6.2).

Schritt A	Schritt B	Schritt C	Schritt D
Darstellung der Ausgangsbedingungen, des Falls und Formulierung der konkreten Fragestellung	*Diskussion der Handlungen des*der Supervisand*in*	*Analyse der Konsequenzen der Handlungen des*der Supervisand*in*	*Erarbeitung von Handlungsvorschlägen, Vergabe von Hausaufgaben*

Schritt A: Darstellung der Ausgangsbedingungen, des Falls und Formulierung der konkreten Fragestellung

Im Gegensatz zum SORKC-Modell konzentriert sich unser Supervisionskonzept nicht ausschließlich auf die Analyse einzelner Situationen in denen sich das Problemverhalten der Klientel zeigt, sondern vielmehr auf das professionelle Handeln der Supervisand*innen während problematischer Situationen in der Fallarbeit. Dieses Handeln wird neben dem unmittelbaren Verhalten der Klientel auch noch von zahlreichen internen und externen Einflussfaktoren beeinflusst. All diese Einflussfaktoren bilden die **Ausgangsbedingungen** des nachfolgenden fallbezogenen Handels von Fachkräften. Die Gewichtung und Wirkkraft dieser Faktoren kann sich im Berufsalltag einer jeden Fachkraft ganz erheblich unterscheiden. Eine Darstellung und Diskussion dieser einzelnen Faktoren während der Supervision ist jedoch wichtig, um eine umfassende Informationsgewinnung zu generieren sowie um zu einer Gesamtbewertung der Ausganglage zu gelangen. Es liegt in der Verantwortung des*der Supervisor*in, die für die Falldiskussion wesentlichen Einflüsse angemessen zu erfragen und auch ggf. Nachfragen zu stellen. Die externen Einflussfaktoren (entsprechen im SORKC-Modell den externen und internen Stimuli „Se" & „Si") auf das professionelle Handeln der Fachkräfte werden in unserem Konzept in die folgenden sieben Bereiche unterteilt.

1. <u>**Auftrag und Ziel des Hilfeprozesses:**</u> Was ist das genaue Ziel des Hilfeprozesses? Ist dem*der Klient*in das Ziel des Hilfeprozesses bekannt und hat er*sie diesem zugestimmt? Welche Institution hat das Mandat zum Hilfeprozess erteilt? Ist die Fachkraft mit dem Ziel des Hilfeprozesses inhaltlich/fachlich einverstanden? Verfügt die Fachkraft über fachliche Kompetenzen und Mittel zur angemessenen Realisierung des Ziels? Benötigt die Fachkraft zusätzliche Mittel und Unterstützung durch Dritte zur Realisierung des Ziels? Gibt es einen konkreten Hilfeplan, in dem dokumentiert ist welche Teilzeile bis zu welchem Zeitpunkt bearbeitet werden sollten? Sind die Informationen bzgl. der Problemlage des*der Klient*in und zum Fallverständnis vollständig (z. B.

Aktenlage, Anamnese)? Ist der geplante Hilfeprozess auf mögliche unerwünschte Nebeneffekte für die Klientel geprüft? Mit welchen Institutionen muss während des Hilfeprozesses kooperiert werden? Sind alle dienstlichen Zuständigkeiten geklärt? Ist geplant, das Angehörige oder Dritte in den Hilfeprozess integriert werden? Findet der Hilfeprozess freiwillig oder im Rahmen eines Zwangskontextes statt? Findet der Hilfeprozess ambulant oder stationär statt? Ist die Finanzierung der Maßnahme langfristig gesichert?

2. **(Problem)Verhalten des*der Klient*in:** Welches (Problem)Verhalten zeigt der*die Klient*in? Was genau tut der*die Klient*in? Was genau sagt der*die Klient*in? Zu welchen Zeitpunkten und für wie lange zeigt der*die Klient*in dieses Verhalten? Wie häufig am Tag/in der Woche zeigt der*die Klient*in dieses Verhalten? Wo zeigt der*die Klient*in dieses Verhalten? Welche Anforderungen wurden zuvor an den*die Klient*in gestellt? Sind während dieses Verhaltens andere Menschen anwesend – wenn ja: welche? Für welchen der Beteiligten ist das Verhalten des*der Klient*in ein Problem? Was ist aus Sicht der Fachkraft das Problem an diesem Verhalten? Gibt es aus Sicht der Fachkraft zunächst Vordringlicheres zu klären als die Bearbeitung dieses Problemverhaltens? Gibt es eine fundierte Hypothese (ggf. Diagnose), warum der*die Klient*in in solchen Situationen dieses Verhalten zeigt?

3. **Institutionell-strukturelle Perspektive:** Gibt es in der Institution ein verbindliches Leitbild (z. B. christlich, anthroposophisch)? Sind der Fachkraft die grundlegenden Abläufe in der Institution, wie z. B. Dienstplanung, Dienstzeiten, Dienstweg, Urlaubsregelungen, innerbetriebliche Entscheidungswege und Hierarchien transparent? Ist die Institution finanziell solide aufgestellt? Wie sind die räumlichen und zeitlichen Bedingungen für die Arbeitsverrichtung der Fachkraft? Muss die Fachkraft eine Dienstkleidung tragen? Gibt es in der Institution verbindliche Arbeitsplatzbeschreibungen? Gibt es in der Institution einen Betriebs- oder Personalrat? Gibt es in der Institution eine Beschwerde- oder Schlichtungsstelle?

4. **Perspektiven der Profession:** Entspricht das professionelle Handeln der Fachkraft der Berufsethik? Entspricht das methodische Handeln der Fachkraft dem aktuellen Stand der Wissenschaft, bzw. oder handelt sie aufgrund ihrer Berufserfahrung intuitiv nach ihrem Bauchgefühl? Steht die Fachkraft im regelmäßigen Austausch mit Kolleg*innen (z. B. Dienstgespräche)? Nimmt die Fachkraft regelmäßig an Fortbildungen teil? Hat die Fachkraft Kontakt zum Hochschulbereich (z. B. Praktikant*innenbetreuung, Lehrauftrag)? Wie positioniert sich die Fachkraft berufspolitisch?

5. **Berufliche Entwicklung und Karriereplanung:** Möchte die Fachkraft sich weiterbilden? Strebt die Fachkraft eine Leitungsposition an? Möchte die Fachkraft ihren Arbeitskontext verändern (z. B. anderes Handlungsfeld, andere Arbeitszeiten)? Ist die Fachkraft grundsätzlich zufrieden mit ihrer aktuellen Stelle und möchte diese bis zur Rente weiterführen? Fühlt sich die Fachkraft in ihrer aktuellen Stelle überfordert? Fühlt sich die Fachkraft an ihrer Stelle angemessen entlohnt und respektiert?

6. **Private Lebenssituation:** Gibt es familiäre Verpflichtungen, die die Fachkraft erfüllen muss (z. B. Betreuung von Kindern, Pflege von Angehörigen)? Ist die Fachkraft finanziell gesichert oder verschuldet? Muss die Fachkraft noch einer Nebentätigkeit nachgehen? Ist die Fachkraft mit ihrer Work-Life-Balance zufrieden? Unterstützt das private Umfeld der Fachkraft, also Partner*in, Eltern, enge Freund*innen deren Tätigkeit? Ist die Fachkraft in ihrem sozialen Lebensumfeld integriert? Wie wirkt sich auf das Arbeitsleben generell auf das Privatleben der Fachkraft aus? Zudem sind auch temporäre Aspekte bedeutsam: Wie ist die „Tagesform" der Fachkraft (z. B. akute Beschwerden: Kopfschmerzen, Verletzungen, Infektionen, Stress durch Belastungsfaktoren, Übermüdung.

7. **Gesellschaftliche Faktoren:** Wie ist das öffentliche Image des ausgeübten Berufs? Wie wird die Tätigkeit der Fachkräfte medial dargestellt (z. B. kritische Berichterstattungen über Versäumnisse von Jugendämtern, Pflegenotstand)? Wie wird die Klientel der Fachkräfte medial dargestellt (z. B. Sozialhilfe-Empfänger*innen, psychisch kranke Menschen, kriminelle Jugendliche, Sexualstraftäter*innen, Menschen mit Behinderung, geflüchtete Menschen) (Abb. 7.3).

Zu den Ausgangsbedingungen sind auch die **internen Einflussfaktoren** (entsprechen im SORKC-Modell der Organismusvariable „O") zuzuordnen. Diese umfassen grundlegende bzw. unveränderliche Merkmale, Eigenschaften, feste Überzeugungen und Gewohnheiten der Supervisand*innen, die für die Ausübung ihrer beruflichen Tätigkeit relevant sind. Diese Faktoren umfassen die körperlichen Voraussetzungen, wie z. B. das Alter, das Geschlecht, etwaige Erkrankungen oder Behinderungen, kognitive Einschränkungen und psychische Auffälligkeiten. Zudem der Ausbildungsstand, die Berufserfahrung die fachlichen Kompetenzen, besondere Fähigkeiten (z. B. Zweisprachigkeit, sehr gute Computerkenntnisse) sowie darüber hinaus die Herkunft (z. B. Migrationshintergrund) der Fachkraft und deren religiöse oder (berufs)politische Haltungen. Mögliche, hierbei zu beachtende Faktoren werden in der folgenden Übersicht (siehe Abb. 7.4) exemplarisch genannt. Wichtig ist an dieser Stelle zu erwähnen, dass diese Liste keinen

Mögliche Faktoren	Beispiele
Klientel	Betreuung von herausfordernder Klientel (z.b. psychische Erkrankungen, Sucht, kognitive Einschränkungen). Besondere Problem- und Lebenslagen (z.B. familiäre Probleme, Fluchthintergrund, Verschuldung, Obdachlosigkeit, Kriminalität). Eine Fachkraft muss im Umgang mit der Klientel inhaltlich schwierige Entscheidungen treffen (z.b.: Herausnahme eines Kindes aus der Familie). Arbeiten mit Klientel im Zwangskontext, das kaum Interesse an einer Kooperation hat (z.b. Strafvollzug).
Institutionelle Perspektive	Die Geschäftsführung erwartet von den Fachkräften telefonische Erreichbarkeit und Bereitschaftsdienste rund um die Uhr. Der Kostenträger überprüft nach Unregelmäßigkeiten die Arbeitsabläufe und Finanzen einer Einrichtung und verlangt zeitliche und inhaltliche Tätigkeitsnachweise von den Fachkräften. Eine junge weibliche Fachkraft empfindet sich aufgrund ihres Geschlechts von ihren männlichen Kollegen und der Leitung nicht ernst genommen. Eine Fachkraft wird offensichtlich von Kolleg*innen gemobbt. Die Vorgesetzten verhalten sich meist freundschaftlich-kollegial, übernehmen jedoch ihre Leitungsverantwortung kaum.
Private Lebenssituation	Eine Fachkraft hat Probleme mit dem neu eingeführten Home-Office-Tag, da sie dafür keinen Raum zu Hause hat und die anderen Familienmitglieder häufig stören. Freund*innen zeigen wenig Verständnis, wenn die Fachkraft kurzfristig Treffen absagen muss, um im Gruppendienst einzuspringen, da sie selbst nicht im sozialen Sektor tätig sind. Eine Fachkraft möchte nicht mehr in der Einrichtung arbeiten, hat aber einen gut bezahlten Tarifvertrag mit Festanstellung, die wegen familiärer Verpflichtungen nicht aufgegeben werden kann. Eine alleinerziehende Fachkraft findet keine Kinderbetreuungseinrichtung, die ihre wechselnden Arbeitszeiten abdeckt.
Perspektiven der Profession	Eine langjährige Fachkraft lehnt die Einführung neuerer Methoden (z.B. elektronische Aktenführung) ab, möchte keine Fortbildungen besuchen und verweist auf ihre umfangreiche Berufserfahrung. Eine Fachkraft leidet im Berufsalltag häufig an dem Loyalitätskonflikt des Doppelmandats, also den Widerspruch zwischen den Wünschen und Zielen der hilfesuchenden Klientel und den Vorgaben des Kostenträgers.

Abb. 7.3 Exemplarische externe Einflussfaktoren

	Eine Fachkraft aus der Erziehungsberatung übernimmt ganz frisch die Leitung in einer Kindertageseinrichtung und fühlt sich bald überfordert durch die Organisation dieser Einrichtung, die Führung der Mitarbeiter*innen sowie Konflikte mit den Eltern.
	Eine Fachkraft hat einen Migrationshintergrund und wird von den Kolleg*innen häufig aufgefordert, dass sie Dolmetscherdienste für sie übernimmt.
Berufliche Entwicklung	Eine junge Fachkraft hat sich in einen*eine Klient*in verliebt und überschreitet ihm*ihr gegenüber dienstliche Vorgaben (z.b. Bevorzugungen)
	Eine Fachkraft hat die Stelle nur angenommen, weil es keine Alternativen auf dem Stellenmarkt gab.
	Eine Fachkraft möchte langfristig eine Stelle mit weniger direktem Klient*innenkontakt finden.
	Eine langjährig beschäftigte Fachkraft fühlt sich von der Geschäftsführung bzgl. Beförderungen auf eine höher eingestufte Stelle systematisch übergangen.
Gesellschaftliche Faktoren	Eine Fachkraft arbeitet in einer Beratungsstelle für Geflüchtete vor deren Büro regelmäßig Demonstrationen von Rechtsradikalen stattfinden.
	Seitdem im Ort bekannt ist, dass die Fachkraft als Bewährungshelfer*in tätig ist, wird er*sie von Nachbar*innen oft gefragt, wie man solchen Kriminellen nur helfen könne.
	Einer Fachkraft im inklusiven Kindergarten wird von Eltern mitgeteilt, dass dies ja eine schöne Idee für die Kinder mit Behinderung sei, sie ihre „normalen" Kinder dort aber sicher nie hinschicken würde.

Abb. 7.3　(Fortsetzung)

Anspruch auf Vollständigkeit erhebt. Vielmehr soll sie illustrativ Anhaltspunkte für mögliche Einflussfaktoren liefern.

Im Anschluss an die Vergegenwärtigung der externen und internen Ausgangsbedingungen erfolgt die fallbezogene **Fragestellung** des*der Supervisand*in. Die Fragestellung soll verhaltensorientiert formuliert sein und sich auf den o. g. externen Einflussfaktor „(Problem)Verhalten des*der Klient*in" beziehen. Es soll also eine konkrete Situation aus der Praxis in allen Details beschrieben werden, in der ein*eine Klient*in ein Problemverhalten im Sinne eines Verhaltensexzesses oder Verhaltensdefizits gezeigt hat und der*die Supervisand*in durch eigene Handlungen eingegriffen hat – letztlich mit negativen Konsequenzen für alle Beteiligten. Während der Formulierung der Fragestellung hat der*die Supervisor*in die Aufgabe, die Darstellung des Teilnehmenden ggf. zu moderieren, zu unterstützen, zu befragen oder einzugrenzen (Lieb, 2016, S. 10). Im Anschluss daran stellen

Mögliche Faktoren	Beispiele
Körperliche und gesundheitliche Faktoren	Eine Fachkraft hat seit längerer Zeit Schlafprobleme und leidet oft unter Tagesmüdigkeit und Konzentrationsmangel. Eine Fachkraft sieht sich aufgrund von Bandscheibenproblematik außerstande, in der Ganztagsschule mit den Kindern in der Mittagsbetreuung draußen zu spielen. Eine Fachkraft empfindet sich täglich als erschöpft und bewältigt den Arbeitsalltag nur mit großer psychischer Anstrengung.
Geschlecht	Aufgrund seines Geschlechts werden spezielle Verhaltensweisen von einem männlichen Kollegen verlangt, die er nicht erfüllen will (z.b.: eine Lampe im Büro aufhängen, die neue Computeranlage aufbauen und installieren, regelmäßig den Dienstbus reinigen). Eine Fachkraft wird durch ein bestimmtes Thema (z.b. sexuelle Gewalt) aufgrund seiner eigenen Erfahrungen emotional belastet und kann den Fall nur schwerlich bearbeiten. Eine weibliche Fachkraft lehnt aus religiösen Gründen ab, sich mit einem männlichen Kollegen das Büro zu teilen.
Sozialer Status, Herkunftsmileu, religiöse, kulturelle und politische Haltungen, sexuelle Orientierung	Eine Fachkraft nimmt rassistische Tendenzen bei sich wahr und vermeidet die Arbeit mit Klientel mit Migrationshintergrund. Eine Fachkraft arbeitet bei christlichem Träger und möchte aus der Kirche austreten. Eine Fachkraft arbeitet bei christlichem Träger und möchte künftig offen in einer homosexuellen Partnerschaft leben. Eine Fachkraft stammt aus einem sozioökonomisch benachteiligten, bildungsfernen Milieu und empfindet, trotz eigenen Studiums, häufig eine Minderwertigkeit im Kontakt ihren Kollegen*innen, „verbündet" sich jedoch oft mit der Klientel.
Ausbildung, Berufserfahrung, fachliches Repertoire	Eine Fachkraft verfügt über langjährige Berufserfahrung und ein großes Repertoire an Methoden. Eine Fachkraft ist Berufsanfänger*in und hat kaum Praxiserfahrung. Eine Fachkraft hat vor Kurzem eine Weiterbildung in einer etablierten Interventionsmethode abgeschlossen und würde diese neuen Kenntnisse gerne in ihre Arbeit integrieren. Eine berufserfahrene ältere Fachkraft lehnt das Vorgehen der Geschäftsführung inhaltlich ab und hält diese für fachlich inkompetent bzgl. pädagogischer Themen Eine erfahrene Leitungskraft aus der Behindertenhilfe übernimmt die Leitung eines Kinder- und Jugendheims. Die Anforderungen und Abläufe in diesem Handlungsfeld sind für sie völlig neu und überfordernd.

Abb. 7.4 Exemplarische individuelle Einflussfaktoren

Persönliche und fachliche Einstellungen/ Motive	„Leistung muss sich lohnen. Faulheit muss bestraft werden."
	„Die Klient*innen kommen ohne mich nicht zurecht."
	„Nichts gesagt ist Lob genug."
	„Ich muss meine Arbeit immer perfekt machen."
	„Bei Ungerechtigkeiten muss ich helfen."
	„Meine Arbeit sehe ich als praktizierte christliche Nächstenliebe."
	„Meine Arbeitsmethoden folgen wissenschaftlichen Erkenntnissen und ihre Resultate sind messbar."
	„Ich möchte, dass sich meine Klientel gesundheitsbewusst ernährt."
	„Ich möchte, dass sich meine Klientel umweltbewusst und klimafreundlich verhält."
Motivation zur Supervision	Eine Fachkraft empfindet eine hohe emotionale Belastung durch die alltägliche Berufspraxis und verspricht sich von der Supervision Veränderungen und Verbesserungen in ihrem Arbeitsalltag.
	Die Teilnahme an einer Teamsupervision wird von der Leitung vorgeschrieben, jedoch von dem*der Supervisand*in als unnötig bzw. wirkungslos empfunden.
	Die Fachkraft vermutet, dass die Supervisorin Fehler im Arbeitsverhalten aufdecken soll und diese dann der Geschäftsführung mitteilt.

Abb. 7.4 (Fortsetzung)

die übrigen Supervisand*innen ergänzende Fragen zum Fallverständnis. Eventuell erfolgt durch diese Fragestellungen eine angemessene Modifikation der ursprünglichen Fragestellung. Die Formulierung einer konkreten problembezogenen Fragestellung ist für unser Konzept zentral. Denn dadurch wird sichergestellt, dass 1) die Problemlage allen Beteiligten transparent ist; 2) die Formulierung der Frage die grundlegenden Informationen für die anschließende Diskussion der Handlungen des*der Supervisand*in liefert; 3) die Diskussion der Lösungsstrategien und Handlungsempfehlungen zielgerichtet auf das beschriebene Problem angepasst werden kann; 4) die beschriebene Problemlage einen wesentlichen Hinweis für die Hausaufgaben und die spätere Evaluation bietet.

Abschnitt B: Verhaltensorientierte   Diskussion   der   Handlungen des*derSupervisand*in

Nachdem die Ausgangslage umfassend beschrieben und die Fragestellung formuliert wurde, kann nun der Fokus auf die professionellen Handlungen der Fachkraft während der problemrelevanten Situation gelegt werden. Die Analyse dieses Verhaltens stellt, wie bereits erwähnt, das Kernstück der Supervision dar. Denn auf diese Weise entsteht ein zunehmend klarer werdendes Bild über die Charakteristika der konkreten Arbeitsweise der Fachkraft im Berufsalltag. Dadurch wird die Frage geöffnet, wie kann die Fachkraft künftig ihr Verhalten gegenüber der Klientel so verändern, dass es zur Lösung von Problemsituationen sowie zur Erreichung des Ziels des Hilfeplans beiträgt? Denn es ist schließlich die Fachkraft, die in der Praxis in der unmittelbaren Kommunikation mit der Klientel steht und dort mit ihrem Verhalten die professionellen Hilfestellungen, Unterstützungen, Förderungen und Modifikationen anbietet. Die Fokussierung auf die Handlungen der Fachkraft hat in unserem Konzept nicht den Charakter einer Fachaufsicht im Sinne einer administrativen Supervision bzw. Vorgesetzten-Supervision (siehe Kap. 4) und soll keineswegs Arbeitskontrolle oder Mitarbeiterbeurteilung sein. Unser Konzept geht von einer hierarchiefreien Supervision aus, die auf einem vertrauensvollen Arbeitsbündnis, gegenseitiger Wertschätzung und konstruktiven fachlichen Austausch basiert. Es geht also keineswegs darum herauszufinden, ob eine Fachkraft sich möglicherweise falsch verhalten hat, sondern um eine Einbettung ihres Handelns in das komplexe Gesamtgefüge der Ausgangsbedingungen und die Analyse von potentiellen Stressoren und Überforderungen. Denn das Wohl der Fachkräfte in ihrem Berufsalltag ist ebenfalls ein wichtiges Ziel von Supervision und eine hohe Arbeitszufriedenheit ist auch ein Indikator für eine erfolgreiche Praxis in der Förderung der Hilfesuchenden.

Die Grundlage für die verhaltensorientierte Diskussion der Handlungen des*der Supervisand*in ist die detaillierte Darstellung von dessen*deren Verhalten. Wichtig ist zunächst zu definieren, welches Problemverhalten in welcher Problemsituation für die folgende Diskussion besonders relevant erscheint. Die Aufgabe des*der Supervisor*in und ggf. der anderen Teilnehmenden ist es, durch gezieltes Fragen ein operationalisierbares Gesamtbild des Verhaltens der Fachkraft herauszuarbeiten. Im SORKC-Modell wird das Verhalten „R" in die vier interdependenten Ebenen der motorischen, kognitiven, emotionalen und physiologischen Reaktionen gegliedert (siehe hierzu Abschn. 6.2). Die Fragen und Nachfragen beziehen sich also auf das, was genau die Fachkraft während der definierten Problemsituation getan und gesagt hat, was genau sie gedacht hat, was genau sie gefühlt hat und welche körperlichen Empfindungen sie gespürt hat (siehe Abb. 7.5)? Das Ergebnis dieses Arbeitsschritts ist idealerweise eine für alle Teilnehmenden verständliche, transparente und präzise Information über das Handeln, Denken, Fühlen und Empfinden des*der Supervisand*in. Durch

---

Motorische Ebene (Rmot)

Können Sie uns bitte erläutern, wie Sie vorgegangen sind, damit wir es uns alle gut vorstellen können? Was genau haben Sie gesagt und getan?

Ich kann mir Ihr Verhalten noch nicht genau vorstellen. Wie und warum haben Sie sich in dieser Situation ganz konkret verhalten?

Sie hatten von einem Konflikt berichtet, von dem Sie vermuten, Sie hätten ihn anders lösen sollen. Können Sie uns einmal erzählen, wie der Konflikt genau vonstattenging und wie Sie sich dabei verhalten haben?

Sie sagten, der*die Klient*in hat Sie verbal beleidigt. Wie haben Sie darauf reagiert?

Wie ging der Termin nach dem Konflikt dann weiter? Was haben Sie getan?

Ihr*Ihre Klient*in hat nach Zögern dann doch Ihren Rat befolgt. Wie sind Sie da vorgegangen?

Was genau haben Sie zu ihr gesagt?

Welche Maßnahmen haben Sie bisher ergriffen, um dem*der Kostenträger*in Ihre Bedenken gegen die Beendigung der Maßnahme klar zu machen?

Hat in der Runde noch jemand eine Frage zum Vorgehen von unserem*unserer Kolleg*in?

Kognitive Ebene (Rkog)

Was haben Sie gedacht, während Sie von dem*der Klient*in beleidigt wurden?

Sie haben sich spontan anders verhalten, als Sie es sich ursprünglich vorgenommen hatten. Was waren in dieser Situation ihre Überlegungen?

Was ging Ihnen in dem Moment durch den Kopf, als Sie Ihrem*Ihrer Klient*in mitgeteilt haben, dass die Maßnahme beendet werden muss?

Sie hatten erwähnt, dass Sie sich in dem Gespräch den Kopf darüber zerbrochen haben, dass Sie gegenüber Ihres Vorgesetzten nichts Falsches sagen möchten. Welche Gedanken haben Sie sich dabei genau gemacht?

Was war in dieser Situation ihr genaues Handlungsmotiv oder Ziel?

Sie sagen, Sie lassen sich im Gespräch leicht ablenken und sitzen dann einfach nur da und nicken. Wo sind Sie in dieser Zeit mit Ihren Gedanken und über was denken Sie nach?

Abb. 7.5 Exemplarische Fragen zu den Handlungen der Supervisanden*innen

---

Emotionale Ebene (Remot)

Mit welchen Emotionen ging das Gespräch Ihrerseits einher?

Sie haben sich während des Konflikts weggedreht und haben gesagt, Sie müssten jetzt zum nächsten Termin. Wie haben Sie sich dabei gefühlt?

Sie haben sich also viele Gedanken gemacht, als Sie das dem*der Klient*in gesagt haben. Wie haben Sie sich in dem Moment gefühlt?

Können Sie den Zustand, dieses Gefühl, das Sie da beschreiben, benennen?

Wenn Sie das so erzählen, frage ich mich, ob Sie in dieser Situation möglicherweise sehr starke Gefühle entwickelt haben. Können Sie dazu vielleicht noch etwas sagen?

Sie haben erzählt, dass Sie während des Gesprächs rot geworden sind – können Sie Ihre Gefühle dazu benennen?

Physiologische Ebene (Rphys)

Sie meinten, Sie hätten in der Situation sehr viel Scham/Angst/Traurigkeit/Zuneigung empfunden. Hat sich das auch körperlich geäußert?

Haben Sie eine Reaktion ihres Körpers auf ihr Verhalten bzw. das vorherige Verhaltens des*der Klient*in wahrgenommen?

Wenn Sie sagen, Sie sind bei dem Konflikt ins Schwitzen gekommen sind – haben Sie auch noch andere körperliche Symptome bei sich feststellen können?

Sie haben erzählt, dass Sie sich schon bei der Begrüßung mit dem*der neuen Klient*in geekelt hätten. Wie macht sich das körperlich bei Ihnen bemerkbar?

Abb. 7.5 (Fortsetzung)

diese Informationen wird die Diskussion des Verhaltens der Fachkraft ermöglicht, wobei der Fokus einerseits auf die Aspekte des Einflusses der Ausgangsbedingungen; andererseits auf die professionellen (und ggf. auch persönlichen) Handlungsbegründungen, Ziele, Ideen und Motive des*der Supervisand*in gelegt wird.

Schritt C: Verhaltensorientierte Diskussion der Konsequenzen der Handlungen des*der Supervisand*in

Die im vorherigen Schritt beschriebenen professionellen Handlungen der Fachkraft stellen für die beteiligte Klientel einen neuen Stimulus dar, der wiederum ein neues Verhalten bei ihr auslöst. Aus der Sicht der Fachkraft stellt dieses nachfolgende Klientelverhalten jedoch die Konsequenz seiner Handlung dar (entspricht im SORKC-Modell „C"). Die Reaktion der Fachkraft und die nachfolgende Reaktion der Klientel stehen also in einer funktionalen, sich gegenseitig verstärkenden Wechselwirkung. Die Fachkraft muss im jetzigen Arbeitsschritt diese Konsequenzen möglichst detailliert beschreiben. Dabei sind folgende Fragestellungen von Bedeutung: In welchem zeitlichen Abstand erfolgt das Verhalten der Klientel (sofort oder mit längerer zeitlicher Verzögerung)? Welches Verhalten zeigt die Klientel, was genau tut sie und was sagt sie? Ist dieses Verhalten aus Sicht der Fachkraft positiv bzw. der Situation angemessen (C+ oder $\cancel{C}-$) oder negativ bzw. der Situation unangemessen (C− oder $\cancel{C}+$)? Nach welchen Kriterien ist das Verhalten als positiv oder negativ zu bewerten? Entspricht das gezeigte Verhalten dem Gesamtziel des Hilfeprozesses?

Wenn die Konsequenzen insgesamt als positiv bewerten werden, dann sind die professionellen Handlungen der Fachkraft als erfolgreich und zielführend zu bewerten; werden die Konsequenzen als negativ bewertet, dann sind die professionellen Handlungen problemfördernd oder – aufrechterhaltend und müssen modifiziert werden. An dieser Stelle sei erneut (siehe Abschn. 6.1) darauf hingewiesen, dass die Reaktionen von Person A und die nachfolgenden Reaktionen von Person B zwar unmittelbar in einer kurzen Sequenz auftreten können, das gezeigte Verhalten aller Akteur*innen jedoch auch immer in den komplexen Gesamtzusammenhang der o.g. Ausgangsbedingungen eingebettet ist. Wichtig ist daher die Unterscheidung in zeitlich unmittelbar folgende und zeitlich verzögert folgende Konsequenzen (entspricht im SORKC-Modell der Kontingenz „K"). Das folgende Beispiel aus dem beruflichen Kontext soll dies illustrieren.

Bsp.: Unmittelbare und verzögert folgende Konsequenzen
Ein Mitarbeiter einer Erziehungsberatungsstelle wird von dem Vorgesetzten telefonisch gebeten, in der kommenden Woche einen Termin im Rahmen der Öffentlichkeitsarbeit zu übernehmen (Kurzer Vortrag über die Angebote der Einrichtung in der nahegelegenen Hochschule). Der Vorgesetzte ist verhindert, da er auf Dienstreise ist. Der Mitarbeiter spürt sofort, dass ihm diese Anfrage sehr unangenehm ist und er der Vortrag nicht halten will – er sagt aber zu, um nicht von dem Vorgesetzten kritisiert zu werden und das belastende Telefonat schnell zu beenden ($\cancel{C}-$ kurzfristig). In der

Folgezeit macht sich der Mitarbeiter Vorwürfe und leidet daran, dass er die Zusage gegeben hat, denn er will den Vortrag auf keinen Fall halten, weil er sich dadurch überfordert fühlt (C- langfristig). Am Tag des Vortrags meldet er sich krank und bleibt zu Hause und ist dadurch erleichtert ($\emptyset$- kurzfristig), hat in der Folgezeit aber ein schlechtes Gewissen gegenüber seinem Vorgesetzten (C- langfristig).

Die Modifikation der professionellen Handlungen von Fachkräften werden in den folgenden beiden Beispielen (Behindertenhilfe & Jugendhilfe) illustriert:

Bsp.: Modifikation der Handlungen einer Fachkraft in der Behindertenhilfe (1)

Die Mitarbeiterin einer sozialtherapeutischen Wohngruppe für Menschen mit geistigen Behinderungen, Frau A. (55 Jahre), stellt in der Supervision den folgenden Fall vor: Der Bewohner Herr K. (32 Jahre) zeigt autoaggressives Verhalten, indem er sich während des gemeinsamen Abendessens fast an jedem Tag ohne ersichtlichen Grund mit der flachen Hand ins Gesicht schlägt (im Sekundentakt). Daraufhin kommt Frau A. sofort zu ihm und beruhigt ihn durch gute Worte und Berührungen (z. B. Hand auf die Schulter legen). Herr K. beendet dann sofort das Schlagen, lächelt und schmiegt sich an den Körper der Mitarbeiterin. Frau A. erklärt, dass sie Herrn K. gegenüber Sympathie und Verantwortungsgefühl empfindet. Sobald er sich schlägt ist sie sehr besorgt und irritiert (Remot). Sie wendet sich ihm daher sofort schützend zu (Rmot). Dass Herr K. daraufhin sofort aufhört und sich ihr zuwendet, sieht sie als ihren Erfolg, sie empfindet sich selbst als sehr wirksam und ist stolz darauf, dass sie das Problemverhalten des Bewohners rasch und zuverlässig beenden kann (C+). Herr K. zeigt das autoaggressive Verhalten immer nur dann, wenn Frau A. im Dienst ist und niemals bei ihren Kollegen*innen. In der Supervision wird diskutiert, dass die Handlungen von Frau K. das Problemverhalten von Herrn K. aufrechterhalten (Hypothese). Denn die guten Worte und der Körperkontakt sind eine direkte Belohnung (C+) durch soziale Verstärkung. Daher wird Herr K. diese erfolgreiche Handlungsstrategie vermutlich auch weiterhin zeigen, um die Zuwendung zu erhalten. Um das autoaggressive Verhalten von Herrn K. während des Abendessens zu reduzieren, müssen die Handlungen der Mitarbeiterin modifiziert werden. Die Erarbeitung von neuen Handlungsmöglichkeiten erfolgt im nächsten Arbeitsschritt.

Bsp.: Modifikation der Handlungen einer Fachkraft in der Jugendhilfe (1)
Herr B. ist 28 Jahre alt und seit einem halben Jahr in der Sozialpädagogischen Familienhilfe tätig. Seit ein paar Wochen äußert er sich frustriert über die Arbeit in Familie F: „Irgendwie geht nichts voran, obwohl ich mich so gut mit der Familie verstehe." Laut Hilfeplan des Jugendamts ist ein Ziel der Maßnahme, dass der Sohn der Familie, Yannik (11 Jahre), täglich morgens seine ADHS-Medikation einnimmt. Herr B. traf diesbezüglich die Einigung mit der Familie, dass die Eltern für die Zielerreichung zuständig sind, da Yannik noch zu jung ist, um hierfür die volle Verantwortung zu tragen. Die Eltern willigten nach langen Diskussionen und lautstarken Konflikten mit der Fachkraft ein. Herr B. brachte einen Protokollbogen mit in die Familie, in den die Mutter jeden Morgen die Einnahme des Medikaments dokumentieren sollte. Bei den nächsten beiden Hausbesuchen der Fachkraft war das Protokoll leer. Frau F. äußert in genervtem Tonfall, sie habe die Tablette „eigentlich schon immer" gegeben, nur keine Zeit gehabt, es zu dokumentieren.
Herr B. sagt daraufhin „Na, dann Okay, wenn Sie das so sagen, dann glaube ich Ihnen das jetzt mal. Aber beim nächsten Mal führen Sie bitte das Protokoll, ja?"(Rmot) Er denkt: „Oh man, das dachte ich mir schon. Frau F. kann echt unzuverlässig sein" (Rkog). Herr B. nimmt dabei eine körperliche Anspannung bei sich wahr (Rphys). Frau F. sagt freundlich: „Klar, das mache ich." Dies erleichtert Herrn B., er hatte Sorge das Gespräch könnte eskalieren, wenn er die Mutter mit dem Thema konfrontiert($\mathcal{C}$ – Anforderungsvermeidung). Er merkt, wie sich seine körperliche Anspannung löst ($\mathcal{C}$ –). Auch Frau F. ist froh, dass Herr B. sie nicht nachdrücklicher dazu auffordert, das Protokoll zu führen, da sie keine Lust darauf hat, dies zu tun ($\mathcal{C}$ –). Sie führt weiterhin keinen Protokollbogen und gibt die Medikamente nur, wenn sie einmal daran denkt. So hält das Vermeidungsverhalten von Herrn B. (keine Konfrontation) das Vermeidungsverhalten der Mutter aufrecht (kein Protokoll).

Schritt D: **Erarbeitung von Handlungsvorschlägen und Vergabe von Hausaufgaben**

Im Anschluss an die verhaltensorientierte Diskussion der Konsequenzen wird der Fokus auf die Erarbeitung von Lösungsstrategien und alternativen Handlungsvorschlägen gelegt. Dieser Arbeitsschritt muss die relevanten Informationen aus der vorherigen Diskussion der Ausgangsbedingungen, der professionellen Handlungen und deren Konsequenzen berücksichtigen. Zudem müssen die zu erarbeitenden Handlungsvorschläge in der Berufspraxis des*der Supervisand*in umsetzbar sein und sich unmittelbar auf die konkrete Verhaltensebene (Fachkraft – Klientel) beziehen. Ggf. kann auch die Veränderung von organisatorischen Rahmenbedingungen diskutiert werden, wenn dies zur fallbezogenen Problemlösung beitragen kann. Die folgende Abbildung umfasst verschiedene Fragen, die vor der Formulierung der konkreten Handlungsvorschläge berücksichtigt werden sollten (Abb. 7.6).

Nach der gemeinsam erarbeiteten Formulierung der Handlungsvorschläge erfolgt daraus abgeleitet die Vergabe einer konkreten Hausaufgabe an den*die Supervisand*in. Die Hausaufgaben dienen der Erprobung der Lösungsstrategien in der Praxis und sollten angemessen dokumentiert und evaluiert werden. In der

---

Ist der Handlungsvorschlag professionsethisch begründet und kann die Problemlagen aller unmittelbar Beteiligten reduzieren, ohne Schaden zu verursachen?

Ist der Handlungsvorschlag funktional begründet und zielt auf die Veränderung des Verhaltens der unmittelbar Beteiligten ab?

Ist der Handlungsvorschlag fachlich und ethisch begründet, entspricht er dem Gesamtziel des Hilfeplans sowie der gesetzlichen Rahmenbedingungen?

Ist der Handlungsvorschlag inhaltlich begründet und beruht auf der Basis von allen relevanten Informationen zur vorgestellten Fallproblematik?

Beruht der Handlungsvorschlag auf einer etablierten verhaltensorientierten Methode?

Ist die Fachkraft zur Umsetzung des Handlungsvorschlags in der Praxis motiviert?

Besitzt die Fachkraft die Kompetenz, den Handlungsvorschlag in der Praxis umzusetzen?

Liegen in der Einrichtung die strukturellen Rahmenbedingungen für die Umsetzung des Handlungsvorschlags vor? (z.B. Räumlichkeiten, Akzeptanz im Team, Zeitbudget)

Fehlt noch etwas um den Handlungsvorschlag in der Praxis durchzuführen?

Stimmt der*die Supervisand*in dem Handlungsvorschlag uneingeschränkt zu?

Abb. 7.6 Exemplarische Fragen zur Vorbereitung des Handlungsvorschlags

nächsten Supervisionssitzung wird die Umsetzung der Hausaufgaben besprochen und hinsichtlich ihrer Anwendbarkeit in der Praxis bewertet. Bei Problemen während der Umsetzung, sich verändernden Bedingungen oder neuen Informationslagen, können die alten Lösungsstrategien und Handlungsvorschläge neu diskutiert und modifiziert werden. Am Beispiel der o. g. Fälle aus der Behindertenhilfe und der Jugendhilfe wird der Schritt Handlungsempfehlungen/Hausaufgaben illustriert:

Bsp.: Modifikation der Handlungen einer Fachkraft in der Behindertenhilfe (2)

Bzgl. des o. g. autoaggressiven Verhaltens des Bewohners Herr K. wurden während der Supervision gemeinsam die folgenden Handlungsempfehlungen an die Mitarbeiterin Frau A. erarbeitet: Wenn Herr K. sich künftig beim Abendessen wieder mit der flachen Hand ins Gesicht schlägt während Frau A. im Dienst ist, dann wendet sie sich sofort und wortlos von dem Bewohner ab und entfernt sich einige Meter vom Esstisch. Frau A. achtet dabei darauf, dass kein Blickkontakt zu Herrn K. entsteht. Sie übt entweder eine andere Tätigkeit aus oder führt eine bereits begonnene Arbeit unbeirrt fort. Frau A. bleibt so lange vom Esstisch entfernt, bis Herr K. das Schlagen beendet hat oder das Abendessen zu Ende ist. Dieses Vorgehen entspricht der operanten Methode der *Löschung*. Im Vorfeld informiert die Mitarbeiterin den Bewohner über ihre neue Verhaltensweise und dass diese den Grund hat, dass Herr K. sich nicht mehr schlagen soll. Wenn Herr K. das Schlagen unterlässt, dann bleibt Frau A. am Esstisch sitzen und wird nach dem Essen zu ihm gehen, ihn mit guten Worten loben und ihm die Hand auf die Schulter legen. Die Reduzierung von problematischen Verhalten wird also belohnt. Dieses Vorgehen entspricht der Methode der *differenziellen Verstärkung*.

Frau A. soll bis zur nächsten Supervision dieses neue Procedere erproben und ihre Beobachtungen bzgl. des Verhaltens von Herrn K. detailliert dokumentieren. Sie soll auch ihre eigenen Reaktionen dokumentieren sowie weitere Vorkommnisse während des Procederes. Sie soll ihre Notizen zur nächsten Supervision mitbringen um diese allen Teilnehmenden transparent zu machen.

Bsp.: Modifikation der Handlungen einer Fachkraft in der Jugendhilfe (2)
In der Supervision konnte gemeinsam mit dem Sozialpädagogischen Familienhelfer Herrn B. folgende Handlungsempfehlung erarbeitet werden:
Wenn Frau F. beim nächsten Hausbesuch erneut keinen ausgefüllten Protokollbogen vorweisen kann, erklärt Herr B. nochmal ruhig und sachlich, warum dies sinnvoll ist. Außerdem vereinbart er mit der Klientin, dass er in der nächsten Woche täglich bei Frau F. anrufen wird, um nachzufragen, ob das Protokoll geführt wurde. Sollte Frau F. das bejahen, wird sie von Herrn B. gelobt, was ihr gut gefällt (C+ kurzfristig). Sollte sie die Protokollierung verneinen, wird sie von Herrn B. wertschätzend daran erinnert (Prompting). Frau F. weiß, dass ihr Sohn auf lange Sicht von einer regelmäßigen und zuverlässigen Medikamenteneinnahme durchaus profitieren würde (C+ langfristig). In den folgenden Wochen wird Herr B. dieses Vorgehen Schritt für Schritt ausschleichen und bei Hausbesuchen das Protokoll immer wieder gemeinsam besprechen.
Durch die detaillierte Darlegung der Strategie und die Rückendeckung der anderen Teilnehmenden fühlt sich Herr B. sicher genug und gut vorbereitet, um die Maßnahme gegenüber der Klientin zu vertreten und durchzuführen. Es wird vereinbart, dass er in der nächsten Sitzung Bericht erstattet.

7.1.3 III. Abschnitt: Abschluss

Nach dem Abschluss der gesamten verhaltensorientierten Diskussion des eingebrachten Falls können bei Unklarheiten noch letzte Fragen geklärt – insbesondere von dem*der Teilnehmenden, von welcher*welchem der Fall eingebracht wurde. Des Weiteren können an dieser Stelle ggf. auch noch organisatorische Fragen zum nächsten Treffen geklärt werden. Danach wird der Abschluss der Supervisionssitzung eingeleitet. Um einer „konsequenzenlosen Supervision" (Schmelzer, 1997, S. 379) vorzubeugen, werden am Ende der Sitzung die wesentlichen erarbeiteten Inhalte kurz rekapituliert. Dabei werden auch die nächsten konkreten Schritte (Vergabe von Hausaufgaben zur Erprobung) sowie deren Ergebnisperspektive für die nächste Sitzung erneut genannt (Schmelzer, 1997, S. 379 f.). Zarbock (2018,

---

Was waren für Sie heute die wichtigsten Themen & Ereignisse in der Supervisionssitzung?

Was nehmen Sie von den heutigen Ergebnissen für Ihre weitere Praxis mit?

Gibt es etwas, was wir in der heutigen Stunde hätten besser machen können?

Gibt es etwas, dass Ihnen in der heutigen Stunde gefehlt hat?

Gut gefallen hat mir heute, wie Sie…

Für mich war heute zentral, dass wir gemeinsam….

Ich möchte Ihnen die Aufgabe mitgeben, dass Sie bis zur nächsten Sitzung…

Abb. 7.7 Exemplarische Einleitungen des*der Supervisor*in zum Feedback in Anlehnung an Zarbock (2018)

S. 14) schlägt vor, dass der*die Supervisor*in an dieser Stelle noch nach dem folgenden Muster Feedback durch gezielte Fragen von den Teilnehmenden einholt und selbst Feedback an die Teilnehmenden gibt (Abb. 7.7).

Durch ein gegenseitiges Feedback als Abschlussrunde wird die Stunde bewusst zu Ende gebracht und ein Transfer in den Berufsalltag angebahnt. Abschließend kann „beim Gehen" noch ganz formlos auf die Technik der „Take-away-Message" zurückgegriffen werden. Hierbei versucht der*die Supervisor*in den einzelnen Teilnehmer*innen nochmals eine kurze, positive zusammenfassende Bemerkung mit an die Hand zu geben, z. B.: „Dieses … haben Sie sehr gut gemacht" (Zarbock, 2016, S. 165). Ein solch bewusstes Lob kann potentiell als positiver sozialer Verstärker wirken, die Arbeitsbeziehung zwischen Supervisor*in und Teilnehmenden stärken und rundet als Pendant zum anfänglichen Smalltalk – als Brücke zurück in den Alltag – die Supervisionssitzung ab. Damit werden die Teilnehmenden verabschiedet und die Sitzung ist beendet.

Schlusswort 8

Mit unserem Leitfaden für eine verhaltensorientierte Fallsupervision wollen wir Fachkräften aus sozialen und pädagogischen Berufen eine praktikable Methode präsentieren, die bereits in vielen Handlungsfeldern erprobt ist. Unser Vorschlag soll jedoch keineswegs als ein Plädoyer für eine starre Verfahrensfixierung in der Supervision verstanden werden und ist durchaus mit anderen methodischen Ansätzen kompatibel. Unser Leitfaden konzentriert sich zwar auf die Fallsupervision, es ist uns jedoch bewusst, dass sich während einer Supervisionssitzung eine Verlagerung vom Thema *Fallarbeit* zum Thema *Teamarbeit* entwickeln kann. Das ist insbesondere dann möglich, wenn die Supervision in einer *Familiy Group* (siehe Abb. 3.1) stattfindet und mehrere Teammitglieder in die gleiche Fallbearbeitung involviert sind, die jedoch unterschiedliche Perspektiven und Positionen zum Verlauf des Hilfeprozesses einnehmen. Das Thema Teamkonflikt kann innerhalb der Supervision eine besondere Herausforderung und Belastung für alle Beteiligten darstellen. Daher kann ein solcher Konflikt nicht *nebenbei* behandelt werden, sondern muss von der eigentlichen Fallsupervision entkoppelt werden. Im Idealfall wird dann mit allen Teilnehmer*innen ein eigener Termin für die Behandlung dieses Themas vereinbart. Grundsätzlich bieten die verhaltensorientierten Methoden auch für diesen supervisorischen Aufgabenbereich geeignetes Material zur Verfügung, das in einem weiteren – noch zu entwickelnden Leitfaden – bereitgestellt werden sollte.

© Der/die Autor(en), exklusiv lizenziert an Springer Fachmedien Wiesbaden GmbH, ein Teil von Springer Nature 2022
F. Como-Zipfel und S. Lanig, *Verhaltensorientierte Supervision für soziale und pädagogische Berufe*, essentials, https://doi.org/10.1007/978-3-658-37336-8_8

Was Sie aus diesem *essential* mitnehmen können

- Struktur und Ablauf einer verhaltensorientierten Supervision
- Praxisbezogene interne und externe Einflussfaktoren auf die Supervisand*innen
- Exemplarische Fragestellungen zur Fallanalyse
- Exemplarische Fragestellungen bzgl. der Handlungen, der Emotionen und Kognitionen der Supervisand*Innen
- Erarbeitung von Handlungsmöglichkeiten in der Praxis

Literatur

Althoff, M. (2018). Fallverständnis in der Sozialen Arbeit und seine Relevanz für Fall-supervision, In: Forum Supervision. Onlinezeitschrift für Beratungswissenschaft und Supervision. 51, S. 6–19. https://www.beratungundsupervision.de/index.php/fs/article/view/2328/pdf. Zugegriffen: 4. Dez. 2021.

Arbeitsgemeinschaft für Verhaltensmodifikation e. V. (2015). https://www.avm-verband.de/news/fortbildung-zur-supervisorinsupervisor-am-ips. Zugegriffen: 27. Juli 2021.

Belardi, N. (2015). *Supervision für helfende Berufe* (3. Aufl.). Lambertus.

Belardi, N. (2017a). Supervision. In D. Kreft & I. Mielenz (Hrsg.), *Wörterbuch Soziale Arbeit* (8. Aufl., S. 1014–1019). Beltz Juventa.

Belardi, N. (2017b). Supervision. In D. Kreft & C. W. Müller (Hrsg.), *Methodenlehre in der Sozialen Arbeit* (2. Aufl., S. 110–114). UTB.

Belardi, N. (2018). *Supervision und Coaching: Grundlagen, Techniken, Perspektiven.* Beck.

Belardi, N (2020). *Supervision und Coaching für Soziale Arbeit, Pflege, Schule.* Lambertus.

Bartmann, U. (2013). *Verhaltensmodifikation als Methode der Sozialen Arbeit. Ein Leitfaden* (4. Aufl.). DGVT.

Beck, A. T. (1981). *Kognitive Therapie der Depression.* DVU.

Blanz, M., & Schermer, F. J. (2013). Methoden der Verhaltensorientierten Sozialen Arbeit. In M. Blanz, F. Como-Zipfel, & F. J. Schermer (Hrsg.), *Verhaltensorientierte Soziale Arbeit* (S. 63–102). Kohlhammer.

Blanz, M., Como-Zipfel, F., & Schermer, F. J. (2014). Zur Theorie und Praxis der Verhalten-sorientierten Sozialen Arbeit. *Unsere Jugend, 7+8,* 326–342.

Borg-Laufs, M. (2020). *Die funktionale Verhaltensanalyse.* Springer.

Baumann, M., & Gordalla, C. (2020). *Gruppenarbeit: Methoden – Techniken – Anwendungen* (2. Aufl.). UVK.

Como-Zipfel, F. (2013). Wissenschaftshistorische und berufsethische Grundlagen der Ver-haltensorientierten Sozialen Arbeit. In M. Blanz, F. Como-Zipfel, & F. J. Schermer (Hrsg.), *Verhaltensorientierte Soziale Arbeit* (S. 13–33). Kohlhammer.

Como-Zipfel, F., & Löbmann, R. (2013). Kognitions- und Verhaltensorientierung. In H. Pauls, P. Stockmann, & Reicherts, M. (Hrsg.), *Beratungskompetenzen für die psychoso-ziale Fallarbeit* (S. 140–155). Lambertus.

Como-Zipfel, F., Kohlfürst, I., & Kulke, D. (2019). *Welche Bedeutung hat Ethik für die Soziale Arbeit?.* Deutscher Verein für öffentliche und private Fürsorge/Lambertus.

Deutsche Gesellschaft für Supervision und Coaching e. V. (2017). Ethische Leitlinien. https://www.dgsv.de/wp-content/uploads/2017/08/DGSv_Ethische-Leitlinien_2017_09_22.pdf. Zugegriffen: 25. Juli 2021.

Ellis, A. (1993). *Grundlagen der Rational-Emotiven Verhaltenstherapie.* Pfeiffer.

Fehm, L., & Fehm-Wolfsdorf, G. (2018). Therapeutische Hausaufgaben. In J. Margraf & S. Schneider (Hrsg.), *Lehrbuch der Verhaltenstherapie: Bd. 1 Grundlagen, Diagnostik, Verfahren und Rahmenbedingungen psychologischer Therapie* (4. Aufl., S. 607–616). Springer.

Fliegel, S. (1986). *Formen der Psychotherapie: Verhaltenstherapie.* Fernuniversität Hagen.

Fliegel, S. (1994). *Verhaltenstherapie* (2. Aufl.). Heyne.

Galuske, M. (2013). *Methoden der Sozialen Arbeit* (10 Aufl.). Beltz Juventa.

Grawe, K., & Caspar, F. (1984). Die Plananalyse als Konzept und Instrument für die Psychotherapieforschung. In U. Baumann (Hrsg.), *Psychotherapie* (S. 177–197). Hogrefe.

Hamburger, A., & Mertens, W. (2017). *Supervision – Konzepte und Anwendungen, Bd. 1: Supervision in der Praxis – Ein Überblick.* Kohlhammer.

Hinsch, R., & Pfingsten, U. (2015). *Gruppentraining sozialer Kompetenzen GSK* (6. Aufl.). Beltz.

Hudson, G. M., & Macdonald, B. L. (1986). *Behavioural social work.* Macmillan.

Kaminsky, C. (2017). Ethik in der Sozialen Arbeit. In J. Bischkopf, D. Deimel, C. Walther, & R. B. Zimmermann (Hrsg.), *Soziale Arbeit in der Psychiatrie* (S. 158–174). Psychiatrie.

Kanfer, F. (1965). Issues and ethics in behavior manipulation. *Psychological reports, 16,* 187–196.

Kanfer, F., & Saslow, G. (1965). Behavioral analysis. *Archives of general psychiatry, 12,* 529–538.

Kanfer, F., Reinecker, H., & Schmelzer, D. (2012). *Selbstmanagementtherapie. Ein Lehrbuch für die klinische Praxis* (5. Aufl.). Springer.

Loebbert, M. (2016). *Wie Supervision gelingt. Supervision und Coaching für helfende Berufe.* Springer.

Lefrancois, G. R. (2006). *Psychologie des Lernens* (4. Aufl.). Springer.

Lieb, H. (1993). *Verhaltenstherapeutische Supervision. Ein Modell in Haupt- und Unterprogrammen.* IFKV Institut für Fort- und Weiterbildung in Klinischer Verhaltenstherapie e. V.; (Neuauflage 2016).

Lieb, H. (2005). Verhaltenstherapeutische Supervision. Ein Modell in Haupt- und Unterprogrammen. *Verhaltenstherapie und psychosoziale Praxis, 2,* 249–262.

Mordock, J. B. (1990). The New Supervisor. Awareness of problems experienced and some suggestions for problem resolution trough supervisory training. *The Clinical Supervisor, 8,* 81–92.

Müller, B. (2006). *Sozialpädagogisches Können* (4. Aufl.). Lambertus.

Petzold (1998). *Integrative Supervision, Meta-Consulting & Organisationsentwicklung.* Junfermann.

Rzepka-Meyer, U. (1997). *Supervision von Verhaltenstherapie.* Springer.

Schermer, F. J. (2006). *Lernen und Gedächtnis* (4. Aufl.). Kohlhammer.

Schermer, F. J. (2011). *Grundlagen der Psychologie* (3. Aufl.). Kohlhammer.

Schmelzer, D. (1997). *Verhaltenstherapeutische Supervision.* Hogrefe.

Schmelzer, D. (2013). Verhaltensorientierte Supervision Sozialer Arbeit. In M. Blanz, F. Como-Zipfel, & F. J. Schermer (Hrsg.), *Verhaltensorientierte Soziale Arbeit* (S. 228–240). Kohlhammer.

Schreyögg, A. (1991). *Supervision – Ein integratives Modell. Lehrbuch zur Theorie und Praxis.* Junfermann.

Schubert, F.-C. (2018). Supervision. In D. Wälte & M. Borg-Laufs (Hrsg.), *Psychosoziale Beratung* (S. 288–302). Kohlhammer.

Schigl, B., Höfner, C., Artner, N., Eichinger, K., Hoch, C., & Petzold, H. (2020). *Supervision auf dem Prüfstand. Wirksamkeit, Forschung, Anwendungsfelder, Innovation* (2. Aufl.). Springer.

Schirrmacher, G. (2002). *Hertha Kraus – Zwischen den Welten. Biographie einer Sozialwissenschaftlerin und Quäkerin (1897–1968).* Lang.

Shaw, M. (1977). Ethische Implikationen des verhaltenstherapeutischen Ansatzes. In D. Jehu, P. Hardiker, M. Yelloly, & M. Shaw (Hrsg.), *Verhaltensmodifikation in der Sozialarbeit/Sozialpädagogik, Lambertus* (S. 248–266). Freiburg.

Sulz, S., & Gräff-Rudolph, U. (2019). *Supervision in der Verhaltenstherapie.* Kohlhammer.

Sipos, V., & Schweiger, U. (2017). Supervision und Verhaltenstherapie. In A. Wolfgang Hamburger & W. Mertens (Hrsg.), *Supervision – Konzepte und Anwendungen* (S. 45–51). Kohlhammer.

Tharp, R., & Wetzel, R. (1975). *Verhaltensänderungen im gegebenen Sozialfeld.* Urban & Schwarzenberg.

Wolpe, J. (1972). *Praxis der Verhaltenstherapie.* Huber.

Zarbock, G. (2010). *Phasenfahrplan VT.* Pabst Science Publishers.

Zarbock, G., Schweigert, E., & Hampel, J. (2017). Die Kompetenz-Trainings-Spirale. Ein Beitrag zur Kompetenzorientierung in der VT-Supervision. *Verhaltenstherapie & Verhaltensmedizin, 3,* 216–232.

Zarbock, G. (2018). *Praxisbuch VT-Supervision. Konzepte und Materialien für eine Aufgaben- und Kompetenzorientierte Supervision.* Pabst Science Publishers.

Printed in the United States
by Baker & Taylor Publisher Services